Batch 47855JS00003B

55JSX00012B   9781959472025   Cuando Todos Lideran : Cómo se ven y re

RFECT   5.50X8.25   278   MATTE   (1)

No se
necesita
un título
para ser
un líder.

Cuando Todos Lideran:
Cómo se ven y resuelven los desafíos difíciles

Por Ed O'Malley y Julia Fabris McBride

Índice

(Re)definiendo el liderazgo

Un manifiesto de 10 puntos

1.

Los desafíos difíciles están a nuestro alrededor.

Una organización sin fines de lucro no es sostenible.

Una pequeña empresa es apenas rentable después de la jubilación de su fundador.

Una escuela lucha por ayudar a los niños más vulnerables de una ciudad a prosperar académicamente.

Una nación está cada vez más dividida.

Estos desafíos se hacen presentes en nuestras vidas profesionales, en nuestras comunidades y en nuestras familias. Nos absorben y nos dejan perplejos. Puede parecer que no tienen solución, que son inalcanzables y más allá de nuestra capacidad para comprender lo que hay que hacer.

Nuestros desafíos más difíciles nos desconciertan. Podemos trabajar en ellos durante días, semanas o incluso años y aun así no ver progreso alguno.

Sentir pasión por el progreso no es lo mismo que el progreso.

A menudo, nos sentimos estancados.

El progreso requiere liderazgo.

La mayoría de las personas piensa que el liderazgo es un puesto. (No lo es).

La mayoría de las personas piensa que liderar es para unos pocos. (Incorrecto de nuevo.)

Cuando la gente dice: "Preguntemos a los líderes", quieren decir que preguntemos a las personas a cargo. Cuando dicen: "La compañía tiene un nuevo líder", quieren decir que hay un nuevo gerente general.

Si alguien le envía a participar en un programa de liderazgo, probablemente le esté preparando para ser gerente o un gerente de gerentes. Si le dan un entrenamiento de liderazgo, lo más probable es que piensen que está usted listo para dar y recibir informes aún más directos, para un lugar aún más importante en la jerarquía.

3.

El liderazgo _no es_...

Autoridad
Ser el jefe
Visión
Carisma
Un corazón servicial
Un discurso inspirador

El liderazgo _podría_ involucrar todo esto y mucho más, pero no es literalmente esta lista de cosas.

4.

Imagínese si la gente pensara en practicar el liderazgo o ejercer el liderazgo, en vez de "ser un líder".

No nos gusta la palabra *líder*. Sabemos que la gente la usa todo el tiempo, pero no nos parece útil. Muchas veces, los llamados *líderes* no lideran.

Si el liderazgo es una práctica, entonces cualquiera puede hacerlo. Algunos podrán ejercerlo de manera más efectiva que otros, pero todos *pueden* hacerlo. Y todos *pueden* mejorar en ello.

Mucho más es posible si vemos al liderazgo a través de esta lente de apreciación e inclusión.

5.

Muchas personas en puestos importantes nunca ejercen el liderazgo.

El mundo está lleno de jefes, entrenadores, presidentes y directores ejecutivos malos y mediocres.

El puesto de liderazgo y *el equipo de liderazgo* son términos obsoletos de un modelo que ya no funciona. El modelo de "liderazgo como un puesto" está colapsando. El mundo se está moviendo a un ritmo demasiado acelerado. El ritmo del cambio es despiadado. Las organizaciones que esperan que las personas al mando ejerzan solas el liderazgo no prosperarán. En el mejor de los casos sobrevivirán.

El ritmo del cambio hace que sea demasiado difícil para las relativamente pocas personas que encabezan equipos, comités, empresas, agencias, ciudades y países asumir todo el liderazgo necesario para el éxito. Carecen de la perspectiva y el conocimiento suficientes para resolver problemas multifacéticos en una sociedad cada vez más diversa.

Y el modelo tradicional de "liderazgo como autoridad" nos permite al resto de nosotros desconectarnos. Nos decimos a nosotros mismos que como no estamos a cargo, no somos responsables de lo que está mal. Decimos que es culpa del gerente general o del gobernador o del pastor. Dejamos la creatividad, el riesgo y la responsabilidad del cambio a otra persona, alguien con una posición más alta en el organigrama.

6.

Entonces, la mayoría de nosotros no lideramos.

Todos están calculando lo que su jefe, mesa directiva, maestro, director, gerente, votantes, amigos, etc., esperan de ellos. Luego hacen lo que se les pide y esperan cumplir con esas expectativas.

La subordinación mantiene a otras personas felices y a usted fuera de problemas. Un gerente general mantiene a su mesa directiva sintiéndose segura y en control. Un gerente lee la descripción de su trabajo y la sigue al pie de la letra.

Un maestro sigue al director. El director sigue al superintendente. El superintendente a la mesa directiva escolar. La mesa directiva escolar sigue a los votantes.

La subordinación se desarrolla más claramente entre los políticos. Los políticos son indicadores rezagados de lo que está sucediendo en la sociedad. El cambio rara vez comienza con ellos. Un político anticipa lo que quieren sus votantes y luego sigue a la multitud que los eligió.

¡Sea un buen subordinado y la gente lo llamará exitoso! Será promovido. Le dirán que sabe trabajar en equipo. Siga así y será promovido una y otra vez. Eventualmente lo convertirán en un "líder". No importa que todo lo que haya hecho sea seguir las expectativas establecidas para usted.

7.

El liderazgo es una actividad, no un puesto o un símbolo de autoridad.

Es una actividad al alcance de todos nosotros.

El liderazgo surgió en 1955 cuando Rosa Parks se negó a renunciar a su asiento en el autobús. El liderazgo surge cada vez que un nuevo empleado hace una pregunta que nadie quiere responder.

A los niños se les dice*: "¡Cualquiera puede ser un líder!"* Ven imágenes de personas de todos los géneros, razas y habilidades sentadas detrás de un gran escritorio, prestando juramento o manejando una emergencia. Sí, todos los niños necesitan saber que pueden trabajar duro y lograr grandes cosas.

Pero los niños (y los adultos) también deben entender que el liderazgo y un puesto son dos cosas diferentes. Los niños (y adultos) necesitan saber que pueden ejercer el liderazgo, ya sea que tengan un puesto formal o no.

El liderazgo no tiene nada que ver con el rol, sino con ver y aprovechar las oportunidades para ayudar a un grupo a avanzar.

8.

Si cualquier persona puede liderar, entonces todos podemos liderar.

Cuando todos lideran, suceden cosas increíbles. Los problemas difíciles se vuelven más simples. Las grandes aspiraciones se vuelven alcanzables.

Cuando todos lideran, las organizaciones son productivas, no solo lugares con mucha actividad. Las personas tienen un propósito, no solo se dejan llevar.

Cuando todos lideran, canalizamos las emociones en el trabajo en equipo.

Cuando todos lideran, no depende del jefe hacer todas las preguntas correctas. Las personas se inspiran mutuamente para mantenerse enfocadas en lo que es más importante.

Cuando todos lideran, la frustración, los chismes y la política de la oficina dan paso al compromiso, la productividad y un sentido compartido de logro.

Surgen soluciones a grandes e importantes desafíos. Las personas progresan juntas cuando todos lideran.

Cuando las autoridades—las personas con los mejores trabajos—empoderan a otros para liderar, sus propios trabajos se vuelven más fáciles. Cuando todos los demás—las personas sin autoridad—comienzan a liderar, su trabajo se vuelve más gratificante.

Las organizaciones, las empresas y las comunidades tienen más éxito cuando todos lideran.

9.

El liderazgo es arriesgado.

De pronto aparece una oportunidad que podría beneficiarse de nuestro liderazgo, pero la dejamos ir. Evitamos el compromiso. No lo aprovechamos porque tenemos miedo de cometer un error. Preferimos culpar a alguien más por un problema en lugar de hacer algo al respecto nosotros mismos. Porque una vez que intentamos algo, una vez que vemos y aprovechamos nuestra oportunidad, no hay vuelta atrás.

El liderazgo es arriesgado porque una vez que usted interviene, tiene un interés en el resultado y no puede estar seguro de lo que sucederá después.

10.

Y no es liderazgo si no se trata de nuestros desafíos más importantes.

Cada organización, empresa o comunidad tiene preocupaciones y aspiraciones insatisfechas. El liderazgo es el más grande de estos. El liderazgo es una actividad diseñada para progresar en las cosas que más nos preocupan, las que más aspiramos lograr.

El liderazgo está movilizando a las personas para progresar en los desafíos más importantes. Y eso es inusual.

Hace más de quince años, una fundación se comprometió en financiar con decenas de millones de dólares el desarrollo de las capacidades de liderazgo en esta parte del mundo. La mesa directiva de esa fundación llegó a una conclusión profunda:

La calidad y cantidad de liderazgo son el determinante clave para la prosperidad, la salud y el éxito de las organizaciones y de las comunidades.

Lanzamos el Kansas Leadership Center (KLC) en el 2007. Ed venía con experiencia en el gobierno y la política. Julia era actriz y pasó a ser *coach* de liderazgo. Guiamos este centro de capacitación, compromiso e investigación, a cargo de un experimento diferente a cualquier otro en el mundo. En ningún otro lugar hay un esfuerzo de desarrollo de liderazgo tan bien financiado y enfocado en el liderazgo para todos en las comunidades, organizaciones y empresas.

Después de 15 años, más de 15,000 participantes y colaboraciones en todo nuestro estado, pero también en todo el mundo, nuestra investigación y experiencia respaldan una poderosa promesa:

Cuando todos lideran, progresamos en nuestros desafíos más importantes

Esto es exactamente lo que puede observar en nuestros programas. Hay un bombero, maestro, banquero, pastor y político en un pequeño grupo. Otro grupo está compuesto por un trabajador de la construcción, una enfermera, un presidente de una universidad, un trabajador social y un dueño de un negocio. Otro más está compuesto por un director de escuela, un voluntario sin fines de lucro, un gerente ejecutivo de nivel intermedio, un ingeniero y un guardabosques.

Algunos están comenzando sus carreras. Otros llevan consigo décadas de experiencia. Provienen de organizaciones grandes y pequeñas, de comunidades urbanas y rurales, y de todos los sectores. Algunos son liberales. Otros son conservadores.

Docenas provienen de cada organización. Cientos aprenden, practican y se involucran juntos. Miles cada año.

Su experiencia interrumpe la forma en que piensan sobre el liderazgo, qué es el liderazgo y para quién es. Adoptan nuestro modelo de liderazgo y lo utilizan para crear un cambio profundo en sus organizaciones, empresas y comunidades.

La experiencia del KLC es contracultural. Va contra corriente. Trastoca las normas. Aun así, personas de todos los ámbitos y circunstancias de la vida se involucran con nosotros. Aprenden una forma muy diferente de ejercer el liderazgo.

El viaje personal de cada uno ha comenzado. El suyo también. Le damos la bienvenida.

Permita que estos principios guíen su camino

Principio #1: El liderazgo es una actividad, no un puesto.

El liderazgo y la autoridad son dos cosas diferentes. El *liderazgo* está movilizando a otros para resolver sus desafíos más importantes. La *autoridad* se parece más a la administración. Tener buenas personas en puestos de autoridad es absolutamente necesario para mantener las cosas funcionando a un alto nivel, pero la autoridad por sí sola no es suficiente para progresar en las cosas que más importan.

Principio #2: Cualquiera puede liderar, en cualquier momento y en cualquier lugar.

Si queremos resolver nuestros desafíos más importantes, más personas deben adoptar la idea de que todos pueden liderar. Cuando se trata de nuestros desafíos más difíciles, todos tenemos un papel que desempeñar. Mucha gente necesita contribuir con tiempo y energía. Decir "sí" a la idea de que cualquiera puede ver y aprovechar su oportunidad para liderar significa arriesgar su propia comodidad por el bien del progreso en algo que le importa.

Principio #3: El liderazgo comienza con usted y debe involucrar a otros.

Hay cosas que un experto puede arreglar o el jefe puede ordenar que se hagan. Pero como cultura, hemos caído en el mal hábito de esperar a que otros lideren. Cuando adopte este principio, no tendrá que esperar más. La acción es suya y el momento es ahora. No importa su puesto, edad o nivel de experiencia, puede hacer algo para movilizar a otros para progresar en un desafío de liderazgo importante. El objetivo de tomar medidas no es arreglar las cosas usted mismo, sino involucrar a otras personas.

Principio #4: El liderazgo es arriesgado.

Si alguna vez ha intentado que las personas trabajen juntas en un desafío difícil, sabe que el liderazgo es arriesgado. Queremos compartir este principio como una advertencia y también como un estímulo. Incluso mientras hace todo lo posible para motivar a otros para resolver un gran desafío, preste atención y desarrolle su habilidad para minimizar los riesgos.

Principio #5: El liderazgo se trata de nuestros desafíos más difíciles.

Debe haber algo realmente importante que le preocupa: una aspiración o una gran preocupación . Sin un propósito claro nada va a cambiar. No es liderazgo si no se trata de esos desafíos difíciles.

Parte Uno

Identifique la Brecha

l liderazgo siempre comienza con la insatisfacción. Nadie ejerce el liderazgo a menos que esté descontento con la realidad actual. Solo lo hacemos cuando vemos que algo falta y nos preocupamos lo suficiente como para cambiarlo. Cuando sentimos que las cosas podrían ser mejores para aquellos que nos importan, nos motivamos a ver y a aprovechar las oportunidades para liderar.

La mayoría de los grupos no hacen un buen trabajo evaluando su realidad actual. Con demasiada frecuencia nos decimos a nosotros mismos que todo está bien, que vamos en la dirección correcta. Nos convencemos de que estamos en camino a cumplir con nuestra misión. No nos detenemos a examinar grandes preocupaciones o articular aspiraciones audaces. Las razones de peso para ejercer el liderazgo siguen sin hablarse. Las preocupaciones y aspiraciones que podrían impulsar el progreso quedan inexploradas.

Miles de personas han pasado por nuestros programas de liderazgo y participación cívica en los últimos 15 años. Para ellos, *La Brecha* es la abreviatura de sus desafíos más importantes. Es la distancia entre su realidad actual y sus aspiraciones.

- Una escuela aspira a ser una opción viable para las familias de toda la ciudad, pero en este momento solo asisten aquellas personas que no pueden permitirse mudarse a otro lugar.

- Una empresa aspira a dominar el mercado con su producto, pero lucha por tener un punto de apoyo.

- Una comunidad rural aspira a hacer crecer su economía apoyando a emprendedores, pero no ha tenido una empresa emergente exitosa en años.

Como la mayoría de los grupos, las personas de esa escuela, empresa y comunidad ven una gran brecha entre su realidad actual y la forma en que quieren que sean las cosas. Pero la vieja forma de pensar sobre el liderazgo, que se trata de tener una figura de autoridad a cargo, guiando a los subordinados hacia una meta predeterminada, los decepciona. Coloca la responsabilidad de ver La Brecha en la parte más alta de la jerarquía. Deja de lado a innumerables personas e ideas creativas para el cambio.

Los grupos que quieren resolver sus desafíos más difíciles necesitan que todos, en todos los niveles, entiendan que:

1. **Se comienza viendo La Brecha.** Hay muchas razones para querer evitar mirar La Brecha. Aquellos que ejercen el liderazgo lo hacen de todos modos.

2. **La Brecha comienza con preocupaciones.** No evite mencionar las cosas difíciles. No puede cambiar algo que no reconoce.

3. **La Brecha es alimentada por aspiraciones.** Los sueños para el futuro traen consigo la valentía y la energía para ejercer el liderazgo.

4. **Todo el mundo puede ver La Brecha.** Haga preguntas importantes para generar una conversación sobre sus desafíos más difíciles e inspirar a todos a liderar.

5. **La Brecha está llena de desafíos adaptativos y problemas técnicos.** Si quiere progresar más, necesita saber la diferencia entre ambos.

2

Percibiendo La Brecha

No subestime lo difícil que es enfrentar nuestra realidad actual. Y por difícil que sea hablar con franqueza sobre las preocupaciones, puede ser aún más difícil expresar sueños para el futuro que sean lo suficientemente audaces como para impulsar un cambio positivo. Pero para ejercer el liderazgo, tenemos que dar ese salto. Tenemos que buscar La Brecha. Solamente cuando somos lo suficientemente valientes como para reconocer grandes preocupaciones y hablar sobre aspiraciones audaces vemos nuestros desafíos más difíciles por lo que son.

La mayoría de las veces evitamos poner atención a La Brecha y por muchas razones comprensibles:

- **La tiranía del presente.** Estamos consumidos por lo que está justo frente a nosotros. Los colegas ponen las reuniones en nuestro calendario. Los niños necesitan que los lleven a las prácticas de fútbol. El césped necesita ser cortado. Debía haber entregado ese informe al jefe ayer.

"Odio ser el que saca a relucir el vacío cósmico que mata planetas en la habitación, pero..."

- **Recompensas por estar ocupado, no por ser productivo.** A menudo somos recompensados más por estar ocupados que por ser productivos. Muchas organizaciones otorgan insignias de honor invisibles a aquellos que trabajan 60 horas por semana. El hecho que fueron pocas las horas dedicadas a lo más importante, parece a menudo irrelevante.

- **Aversión por pensar en cualquier cosa negativa.** CliftonStrengths y otras herramientas de psicología positiva hacen que sea aún más difícil ver La Brecha. El impulso cultural de centrarse en sus fortalezas (aunque útil en algunos entornos) ha hecho que sea más difícil para ciertos grupos explorar lo que no funciona y reflexionar sobre aspiraciones no realizadas.

- **La ilusión del acuerdo.** Cuando contemplamos La Brecha elevamos perspectivas contradictorias que la mayoría de nosotros preferimos no ver. El economista Daniel Kahneman se refiere a esta tendencia humana a evitar estar en desacuerdo con sus colegas como "la ilusión del acuerdo". Su investigación con aseguradoras muestra que, con el tiempo, las personas aprenden a ajustarse a las normas en lugar de experimentar incomodidad en el desacuerdo.

- **Enfocarse en La Brecha requerirá... ¡Enfoque!** Evitar La Brecha permite que todos se mantengan ocupados haciendo lo suyo, yendo en su propia dirección, haciendo lo que se sienten cómodos haciendo. El progreso requiere sacudir las cosas. La mayoría de nosotros preferiríamos quedarnos cómodos.

- **Sentimos (correctamente) que una vez que reconozcamos La Brecha, tendremos que tomar decisiones difíciles.** Ejercer el liderazgo casi siempre se trata de hacer menos en lugar de más. Se trata de decir "no" a 99 cosas para que pueda decir un gran "sí" a un desafío importante.

A largo plazo, será recompensado por ejercer liderazgo en los desafíos más difíciles de su grupo. Pero a corto plazo, puede ser criticado o incluso denigrado. Hay muchas razones para evitar mirar La Brecha. Aquellos que ejercen el liderazgo lo hacen de todos modos.

Cuando hay claridad de La Brecha entre las preocupaciones y las aspiraciones, vemos que el progreso requerirá que dejemos ir algunas cosas. Cambiar la forma en que operamos es difícil, especialmente si esto decepciona a las personas que buscamos complacer. La mayoría de nosotros preferimos seguir haciendo lo que estamos haciendo y mantener a la mayoría de las partes interesadas moderadamente calmadas en vez de tomar decisiones difíciles para centrar nuestros esfuerzos en lo que más importa.

Todo el mundo necesita mirar La Brecha

Cuando suficientes personas miran La Brecha, suceden cosas importantes. Todos comenzamos a operar a un nivel diferente. Los grupos generan nueva energía. No importa nuestro puesto, cuando reconocemos La Brecha, inmediatamente vemos que lograr nuestras mayores aspiraciones requiere trabajo colectivo e individuos que se extiendan fuera de sus zonas de confort. A medida que las personas arriba y abajo del organigrama hablan sobre sus mayores preocupaciones y aspiraciones, un mensaje impregna la organización: las oportunidades están ahí para aprovecharlas. Necesitamos el liderazgo de muchos, no de unos pocos.

¿Cómo ve usted La Brecha?

Ver La Brecha requiere valentía para enfocarse en lo que no va bien. El proceso no es difícil. Responda a estas preguntas y podrá ver La Brecha:

1. Cuando piensa en el futuro (de su empresa, su organización, su equipo, su comunidad o su familia) ¿qué es lo que más le preocupa?

2. Cuando piensa en el futuro (de ese mismo grupo de personas) ¿cuál es su *mayor* aspiración?

3. ¿Qué hace que sea difícil cerrar La Brecha entre esas preocupaciones y aspiraciones?

Una vez que haya respondido a estas preguntas, también querrá hacérselas a los demás. El capítulo 5 tiene una breve guía para facilitar una conversación en equipo sobre La Brecha.

El liderazgo comienza con todos viendo La Brecha entre su realidad actual y sus mayores aspiraciones.

HÁGALO REAL

Estimados Ed y Julia:

Me desempeño como gerente general de una gran empresa en nuestra ciudad y también sirvo como portavoz de nuestra industria. Soy el presidente de la mesa directiva de nuestra cámara de comercio local y formo parte de muchas otras mesas directivas de organizaciones sin fines de lucro. Serví dos periodos como comisionado de la ciudad y regularmente me piden que me postule para alcalde. ¿Están ustedes diciendo que no soy un líder?

—El Gerente General Bob

Querido Bob:

Muchas personas entran y salen de roles clave mientras La Brecha continúa igual que antes. El liderazgo está movilizando a la gente para cerrar La Brecha. No se trata simplemente de tener autoridad.

Preferimos hablar de ejercer el liderazgo, en lugar de etiquetar a las personas como "líderes" o "no líderes". No nos ha dado suficiente información para saber si ejerce el liderazgo. Dada su participación cívica y profesional, debe tener una profunda pasión y compromiso por el servicio. La pregunta clave es si su comunidad, empresa y esas organizaciones sin fines de lucro han progresado. ¿Son las mismas preocupaciones que antes? ¿Son las mismas aspiraciones también?

Sus puestos de autoridad le brindan oportunidades únicas para ejercer el liderazgo. Y, sin embargo, es probable que también usted necesite ayudar a otros a ver y aprovechar sus oportunidades para ejercer el liderazgo. Podría considerar usar sus roles para ayudar a otros a ver La Brecha. Una vez que lo hagan, apostamos a que el liderazgo comenzará a surgir de muchas personas y lugares. ¡Piense en lo que su empresa y su comunidad pueden lograr cuando todos lideran!

3

La Brecha comienza con preocupaciones

Es posible ser una persona con el vaso medio lleno y también entender que el liderazgo requiere insatisfacción con la realidad actual. La insatisfacción que alimenta el liderazgo no tiene que ver con cosas pequeñas. (No se trata de quejas sobre colegas que no recogen la basura en la sala de descanso o frustraciones sobre un compañero que no hace su parte justa del trabajo).

La insatisfacción que alimenta el liderazgo está orientada hacia el futuro y está relacionada con las cosas grandes e importantes que más nos preocupan:

- Cuando una latina de 20 años piensa en el futuro del gran banco regional donde trabaja, lo que más le preocupa es la falta de diversidad en los puestos de alto nivel.

- Cuando un miembro antiguo de una mesa directiva escolar local piensa en el futuro del distrito escolar, está más preocupado por el número de estudiantes por debajo del nivel en lectura y matemáticas. (Es la misma preocupación que lo llevó a postularse para la mesa directiva escolar hace 12 años).

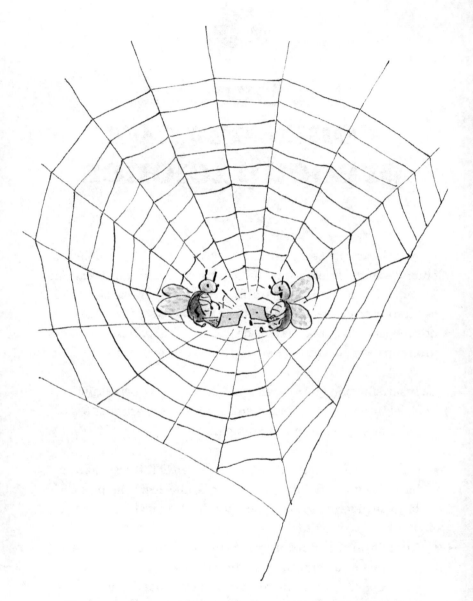

"Estamos aquí porque queremos estar, no porque estemos 'atascados'".

- Cuando un gerente intermedio en una gran empresa global piensa en el futuro, está más preocupado por la falta de propósito compartido que ha plagado al equipo durante años.

- Cuando un rabino piensa en el futuro de su sinagoga, está más preocupado por el creciente antisemitismo en una universidad cercana, algo que comenzó a notar hace una década.

- Cuando un estudiante de primer año de la universidad piensa en el futuro de su familia, está más preocupado por la mala salud de sus padres debido a la mala alimentación y un estilo de vida sedentario.

Quienes ejercen el liderazgo canalizan sus frustraciones con la realidad actual hacia pensamientos sobre el progreso. Ven cómo están las cosas en el presente y cómo quieren que estén algún día.

Se sienten profundamente descontentos con el orden establecido y usan ese descontento para abrir sus corazones al cambio. Sus mayores preocupaciones los impulsan a trabajar hacia un futuro mejor para ellos y para aquellos que les importan.

Surgen problemas difíciles cuando la gente habla sobre el futuro

Los problemas difíciles salen a relucir cuando le pedimos a la gente que piense en el *futuro* y en lo que más les preocupa. Surgen problemas que necesitan más liderazgo.

Pregúnteles a otros sobre sus mayores preocupaciones y escuchará acerca de:

- **Problemas antiguos.** Estas cosas no aparecieron la semana pasada.

- **Problemas de los cuales no se puede culpar a una persona o a un departamento.** Estos problemas impregnan el sistema. Son parte de la cultura de trabajo. Despedir a una persona o reestructurar un equipo no los arreglará.

- **Problemas con historias complicadas.** La gente generalmente no está de acuerdo sobre por qué o cómo surgieron los problemas.

- **Problemas sin un camino claro hacia adelante.** Del mismo modo, las personas generalmente no están de acuerdo sobre los mejores pasos a seguir para resolver problemas latentes.

Si desea mejorar la calidad de vida en una comunidad, sus mayores preocupaciones podrían ser "la creciente división entre los que tienen y los que no tienen" o "nuestra incapacidad para diversificar nuestra economía". Si está pensando en una organización o empresa, las respuestas podrían ser "trabajar en aislamiento" o "flujos de ingresos insostenibles". Para un departamento o equipo, las respuestas pueden ser "nuestra incapacidad para completar proyectos a tiempo" o "la división entre el personal de cara al cliente y el que trabaja tras bastidores".

Es probable que personas bienintencionadas hayan estado trabajando en estos temas durante mucho tiempo, pero si estas son las cosas que más le preocupan a usted, entonces seguramente hace falta hacer más. Estas cuestiones necesitan un liderazgo más provocador e inclusivo. Estas preocupaciones necesitan el liderazgo de muchos, no de unos pocos.

Explorar nuestras mayores preocupaciones es solo la mitad de La Brecha. Es la parte pragmática. Tiene que identificar lo que no está funcionando. Equilibrar el pragmatismo con un idealismo saludable es el tema del siguiente capítulo.

HÁGALO REAL

Estimados Ed y Julia:

Soy socio en un negocio pequeño de consultoría que trabaja con clientes de todo el país y algunos de afuera, de otros estados. Tenemos 14 empleados a tiempo completo, y lo que más me preocupa cuando pienso en el futuro es lo agotados que estamos todo el tiempo. Nos sigue llegando trabajo, lo que nos permite contratar a más personas para ayudar a manejarlo. Pero parece que estamos en una cinta de correr que va cada vez más rápido. Agregar nuevos empleados ayuda a corto plazo, pero nos presiona a vender más trabajo a largo plazo. ¿Cómo enfocamos la atención y el liderazgo? Y, ¿en qué debemos enfocarlo exactamente? ¡Necesitamos ayuda, por favor!

—Agotada, Evelynn

Evelynn:

Lo que más le preocupa es un modelo de negocio que solo funciona si todos están agotados. Apostamos a que se preocupa por la sostenibilidad. Nosotros también lo haríamos si estuviéramos en sus zapatos.

¿Quizás su desafío de liderazgo es reducir el tiempo centrado en la gestión diaria de actividades y aumentar el tiempo dedicado a la construcción de un nuevo modelo de negocio? Es la diferencia entre, por ejemplo, pasar cada hora disponible tratando de encontrar el sistema perfecto de gestión de clientes y dedicar ese tiempo a imaginar estructuras operativas alternativas.

No nos parece que el ejercicio del liderazgo aquí se trate de trabajar más duro para gestionar el modelo de negocio existente. El liderazgo en esta situación está movilizando a su equipo para cambiar lentamente hacia un nuevo modelo de negocio. ¡Imaginamos que esto puede sonar difícil, especialmente porque ha creado un modelo de negocio que sigue ganando nuevos clientes!

Usted ya sabe lo que más le preocupa. Ese es el primer paso para definir su Brecha. Ha enfocado su liderazgo donde más se necesita.

4

La Brecha es alimentada por aspiraciones

El liderazgo puede comenzar con la insatisfacción, pero son nuestras aspiraciones las que nos mantienen en juego. Nadie ejerce el liderazgo sin una imagen clara de lo que quiere crear o a quién anhela servir. El liderazgo no tiene que ver con organizar el estatus quo de una manera un poco más eficiente. El liderazgo ayuda a un grupo a acercarse a sus mayores aspiraciones de una nueva realidad.

Un equipo deportivo aspira a ganar campeonatos. Una escuela aspira a que todos los estudiantes prosperen al graduarse. Una empresa aspira a liderar el mercado. Una comunidad aspira aprovechar la diversidad para crear fuerza y oportunidades para todos.

Ed se desempeña como presidente de la mesa directiva del Boys & Girls Club local. La mayor aspiración de la organización es que el club sea accesible para todos los niños necesitados. Nadie está satisfecho con la realidad actual porque incluso ahora mismo hay niños que no conocen el club. Algunos no pueden pagarlo. Otros no tienen un club en su vecindario. .

La claridad sobre su aspiración está empujando a la organización hacia nuevas direcciones. El personal ya no puede sentirse satisfecho con el funcionamiento eficiente de un par de clubes. El enfoque y la inspiración provienen de la aspiración de querer proporcionar acceso a los niños necesitados.

Alcanzar grandes aspiraciones requiere de muchos, no de unos pocos

Un equipo deportivo no puede ganar un campeonato con un solo jugador fenomenal. El éxito requiere que cada miembro del equipo haga su parte. Una superestrella puede recibir la mayor parte de la atención y los titulares en los medios, pero sin que cada compañero de equipo lidere e influya entre sí, los campeonatos serán difíciles de ganar.

Como actriz y dramaturga, Julia trabajó con un par de directores que eran genios creativos. Pero el genio teatral es inútil por sí mismo. Estos directores necesitaban actores y dramaturgos que aportaran ideas y asumieran riesgos artísticos. Y sin diseñadores y técnicos que puedan aportar con su imaginación y perspectivas únicas, esos directores serían solo soñadores. En cambio, gracias a la colaboración de muchos, sus empresas obtuvieron elogios de la crítica. Los directores geniales, junto con un puñado de otros artistas, ganaron reconocimiento nacional. Su éxito fue el resultado de todos en todos los roles, dando lo mejor de sí mismos.

Del mismo modo, su equipo u organización no alcanzará sus mayores aspiraciones si solo una persona (la máxima autoridad o la que tiene más experiencia) intenta liderar.

Nuestra investigación muestra que cerrar La Brecha requiere el liderazgo de muchos, no de unos pocos. Por ejemplo, cuando una empresa global de alta tecnología invirtió en el desarrollo de liderazgo para empleados en todas sus unidades de negocio, los resultados fueron un diagnóstico más profundo y más colaboración. El progreso real en los desafíos más difíciles que enfrenta su empresa o comunidad requiere de más personas que vean La Brecha, expresen sus preocupaciones y aspiraciones, equilibren el pragmatismo y el idealismo. E progreso en nuestros desafíos más importantes ocurre cuando suficientes personas tienen la habilidad y paciencia para navegar por La Brecha.

Las aspiraciones inspiran el liderazgo

Cuando lo alentamos a hablar sobre aspiraciones, no nos referimos a esfuerzos demasiado facilitados que producen "declaraciones visionarias," diluidas y diseñadas para no molestar a nadie. Estas declaraciones basadas en el consenso pueden satisfacer las expectativas de ciertas facciones o autoridades, pero no inspiran a la gente.

Las aspiraciones provienen de nuestra experiencia vivida y nuestras esperanzas para aquellos que más nos importan. Nos motivan a levantarnos por la mañana, ir a trabajar y mejorar las cosas.

- Un profesor particular de currículo e instrucción se preocupa profundamente por los estudiantes de alto riesgo en su distrito escolar urbano. Su mayor aspiración es que todos los niños del distrito puedan leer.

- Un director de salud comunitaria se preocupa más por los miembros de la comunidad que dependen de las clínicas de salud de su organización. Su mayor aspiración es que su equipo tenga las habilidades y el optimismo para ayudar a estos clientes a navegar el sistema de salud pública.

- A un socio de un bufete de abogados le preocupa que la mala comunicación esté desmoralizando al personal y los lleve a cometer errores que afecten a los clientes. Aspiran a proporcionar el nivel más alto de servicio a sus clientes.

¿Qué hace que sea difícil enfocarnos en nuestras mayores aspiraciones?

- **Asumimos que necesitamos uniformidad sobre cuáles deberían ser esas aspiraciones.** Nosotros no. Lo importante es que suficientes personas en su organización ya estén pensando en el cambio y el impacto positivo. Esas aspiraciones no necesitan alinearse perfectamente.

- **Encontrar un terreno común lleva tiempo.** Aunque no siempre necesitamos llegar a un acuerdo preciso, sí necesitamos encontrar un terreno común. Necesitamos que varias personas miren una brecha similar desde diferentes perspectivas. Hacer que todos vayan hacia una misma dirección, pero de manera diferente, requiere paciencia y curiosidad.

- **Es importante, no urgente.** Crear un entendimiento compartido entre un equipo, grupo, empresa u organización sobre nuestras mayores aspiraciones es un ejercicio de liderazgo. Steven Covey describió ese tipo de trabajo como importante, no urgente. (Lea su libro *The 7 Habits of Highly Efficient People* para más información.)

- **Preferimos obtener una calificación de B- respetable que aspirar por una A+ y quedarnos cortos.** Nombrar nuestra mayor aspiración lleva consigo un riesgo incorporado. Si no la nombramos, no podremos lograrla.

- **Algunas brechas nunca se cerrarán por completo.** Muchos de nosotros nos rehusamos a nombrar nuestras aspiraciones más profundas porque La Brecha entre dónde estamos y dónde queremos estar es demasiado grande y el problema muy arraigado. Con los problemas más difíciles a los que se ven enfrentadas nuestras comunidades, lo mejor que podemos esperar en la vida es un progreso significativo.

Vale la pena hacer el esfuerzo y tomar el riesgo de la decepción hacia mayores aspiraciones y más audaces. Las aspiraciones inspiran y motivan. Abren oportunidades y hacen posible que todos lideren. La gente entiende intuitivamente que las aspiraciones grandes y audaces no pueden depender de unas pocas personas. La combinación entre grandes preocupaciones y aspiraciones audaces es como un poderoso imán que impulsa al liderazgo de todos hacia una dirección en común.

HÁGALO REAL

Estimados Ed y Julia:

¿Qué pasa si mis colegas no pueden ponerse de acuerdo sobre la mayor aspiración para nuestra organización? Estoy nervioso por tener que explorar las aspiraciones con nuestro equipo porque sé que hay diferencias tácitas de opinión sobre la dirección actual. Soy parte del equipo ejecutivo de una gran fundación. Desde el verano del 2020, con las protestas en todo el país y el mundo relacionadas con el asesinato de George Floyd, nuestra organización ha estado cambiando para hacer mucho más y poner mayor énfasis en los problemas de raza y el racismo. Me temo que las aspiraciones de algunos de mis colegas pueden ser demasiado provocadoras para sus compañeros de trabajo. Y, sin embargo, creo que es importante dar claridad a nuestras oportunidades de liderazgo más importantes. ¿Tienen algún consejo?

—Francis de la fundación

¡¡Buena pregunta, Francis! El objetivo de discutir las aspiraciones no es obtener el consenso del grupo. No es un ejercicio de visión grupal o para reemplazar un plan estratégico. El propósito no es solidificar al grupo tras un solo desafío de liderazgo o propósito de orientación. Discutir las aspiraciones ayuda a las personas a ver La Brecha entre su realidad actual y el futuro deseado. A continuación, puede explorar lo que cada uno puede hacer para cerrar esas brechas. Preguntar sobre las grandes aspiraciones los guía a explorar cómo debe ser el liderazgo, de ellos y de otros, en su organización.

Una última idea: Usted mencionó "diferencias tácitas". Busque momentos en los que pueda animar a los demás (¡y a usted mismo!) a dar voz a esas diferencias. El éxito de su organización está directamente relacionado con la capacidad de su equipo para hacer que lo implícito se hable. La armonía no es la falta de disonancia, sino el uso de la disonancia para crear algo poderoso y hermoso. Un equipo ejecutivo con diferencias tácitas no está en armonía. Está fuera de tono. Y eso es probablemente obvio para cualquiera que esté escuchando.

5

Todos pueden ver La Brecha

Hay más para compartir sobre el liderazgo en nuestros desafíos más importantes, pero no podemos resistirnos a dar un pequeño consejo al principio del libro. Use las tres preguntas de este capítulo con colegas para explorar La Brecha en su organización, empresa o comunidad.

Hemos utilizado estas preguntas para ayudar a miles de organizaciones y equipos a aclarar La Brecha entre su realidad actual y sus mayores aspiraciones. Utilizamos esta herramienta regularmente nosotros mismos para mantener a nuestra organización por buen camino.

Haga este ejercicio y revelará problemas que requieren más liderazgo de usted y de los demás.

Prepare el escenario

A continuación, le indicaremos cómo preparar el escenario para tener una conversación poderosa y productiva sobre su Brecha:

1. Elija el contexto antes de hacer las preguntas de su equipo. Asegúrese de que todos sepan, por ejemplo, si el enfoque es hacia el futuro del equipo, del departamento o de toda la organización.

2. Reserve al menos 60 minutos para facilitar la conversación con su grupo.

3. Escoja algún método para mantener el registro de las respuestas para que todos puedan verlas (es decir, rotafolio, pizarra, documento proyectado digitalmente, etc.).

4. Anime a las personas a dejar sus teléfonos móviles y las computadoras portátiles de lado.

5. Incluya tiempo para la reflexión individual (por ejemplo, después de plantear cada pregunta).

6. Si su grupo es de más de seis u ocho personas, bríndeles tiempo para discutir en pareja antes de compartir con el grupo más grande.

Si usted es el facilitador:

- Manténgase relajado y presente a lo que surja.

- Haga tiempo y espacio para que las personas respondan.

- Recuérdele a la gente repetidamente que no hay respuestas incorrectas a las preguntas.

- No busque obtener un consenso.

- No impulse la discusión en la dirección que prefiera. Solo deje que suceda por sí sola.

Facilitar las tres preguntas

Pregunta Uno: Cuando piensa en el futuro de (su empresa, su equipo, su comunidad o su familia) ¿qué es lo que más le preocupa?

- *"Lo que más"* son las palabras más importantes en esta pregunta. Evitan una larga lista de preocupaciones, frustraciones y molestias. Estas palabras obligan a una priorización. "Lo que más" es la frase que le da poder a esta pregunta.

- Enmarcar la pregunta en torno al futuro expande el pensamiento. Las personas van más allá del día a día, enfocando sus mentes en el panorama general.

Pregunta Dos: Cuando piensa en el futuro de (su empresa, su equipo, su comunidad o su familia), ¿cuál es su *mayor* aspiración?

- La palabra *mayor* prepara a las personas a pensar en el panorama completo y centra la atención en las cosas de mayor importancia y que más aspiran lograr.

- Observe el énfasis en el futuro. Orientar a las personas hacia su futuro deseado da claridad a los desafíos y oportunidades de la organización.

- Siéntase libre de cambiar el orden de las preguntas número uno y dos si cree que comenzar con aspiraciones funcionará mejor para su grupo.

Pregunta Tres: ¿Qué hace que sea difícil cerrar La Brecha entre esas preocupaciones y aspiraciones?

- Se debería dedicar más tiempo a esta pregunta que a cualquiera de las dos primeras. Las respuestas a esta pregunta describen La Brecha. Hablar sobre preocupaciones y aspiraciones (preguntas uno y dos) puede no ser inusual para su grupo, pero para la mayoría de las personas, esta tercera pregunta es única e iluminadora.

- Los problemas que surgen cuando las personas responden a esta pregunta son mitigados por un liderazgo efectivo.

- Anime a las personas a nombrar las cosas difíciles. Asegúreles que no necesitan saber cómo resolver nada en este momento. Para los fines de esta actividad, nombrarlas es lo importante.

- Invite a las personas a hablar sobre los temores y sentimientos que dificultan el ejercicio del liderazgo en La Brecha.

Cuándo y dónde hacer las tres preguntas

Hemos utilizado estas preguntas en retiros con agendas formales, rotafolios, bocadillos, etc. Pero hay formas menos intensas de usar estas preguntas para iluminar La Brecha y enfocar su liderazgo y el liderazgo de los demás. Estas son solo algunas formas para empezar:

- **Haga un recorrido para escuchar al personal.** No necesita un recorrido oficial de lujo o un retiro fuera del sitio designado por la organización. Simplemente comience a hacer las preguntas a las personas y tome nota de sus respuestas. Le indicarán a usted (y a ellos mismos) la dirección de aquello que necesita más liderazgo.

- **Añádalo a una agenda.** Si controla la agenda de reuniones (para su mesa directiva, un equipo, un departamento, etc.), agregue las preguntas para la próxima reunión. Se sorprenderá de cómo las preguntas abiertas y de panorama general estimulan un tipo diferente de reunión que está más en línea con la movilización del liderazgo. (Sus reuniones típicas con informes y actualizaciones pueden ser necesarias, pero rara vez son transformadoras).

- **Realice una encuesta electrónica rápida.** Haga una encuesta electrónica con las preguntas de su grupo. Luego dedique tiempo suficiente a estudiar sus respuestas y dibujar temas relacionados.

HÁGALO REAL

Estimados Ed y Julia:

Me encantaría que mi equipo hablara sobre lo que dificulta el progreso en nuestra Brecha, pero me preocupa que se convierta en un festival de quejas. ¿Eso sucede? ¡Agradezco sus consejos!

—Dudando, Henry

Querido Henry:

Invite a las personas a desarrollar valentía para dar atención a dos cosas a la vez: lo que no está funcionando y lo que es posible. Confíe en ellos y manténgase firme. Conversaciones como esta son contraculturales en la mayoría de las organizaciones. Las personas a menudo tienen miedo de mirar el lado negativo porque no creen tener la capacidad de mejorar las cosas. ¡Usted ya lo hace!

6

Desafíos adaptativos y problemas técnicos

En las últimas décadas se han introducido varias formas de nombrar y pensar sobre nuestros problemas más difíciles. Pero el paradigma más útil y poderoso proviene de Ron Heifetz y Marty Linsky y sus libros *The Practice of Adaptive Leadership* (también con Alexander Grashow) y *Leadership on the Line*. Heifetz y Linsky son amigos cercanos de nuestra organización. Continúan dando inspiración a nuestros métodos de enseñanza y muchas de las ideas en nuestros libros y programas.

Ed comenzó a pasar tiempo con Heifetz y Linsky mientras terminaba una gira por nuestro estado preguntando a diferentes personas sobre sus preocupaciones y aspiraciones y lo que dificulta el progreso. Ed se dio cuenta de que la infraestructura del desafío adaptativo, desarrollado por Heifetz y Linsky en Kennedy School de Harvard, era una forma clara y poderosa de definir los problemas arraigados que las personas compartieron durante la gira.

¿Qué hace que sea difícil cerrar La Brecha?

A lo largo de los años, hemos pedido a miles de personas que piensen en aquellos momentos en que han tratado de resolver un desafío difícil o lograr grandes aspiraciones. Luego les pedimos que respondan a esa tercera pregunta: "¿Qué hace que sea difícil cerrar la brecha entre las preocupaciones y las aspiraciones?"

Sus respuestas revelan por qué muchos de nosotros nos contentamos con vivir con la realidad actual, a veces francamente sombría. Esto es lo que dificulta el progreso:

- Puntos de vista arraigados
- Incapacidad para que la gente se ponga de acuerdo sobre cuál es realmente el problema
- Todos tienen una opinión diferente sobre cuál debería ser la solución
- La presión para obtener ganancias
- La presión de servir de la manera en que siempre hemos servido
- Personas con autoridad que no quieren cambiar la forma en que operan
- Complacencia
- Apatía
- Valores en competencia
- Conflictos interpersonales

Algunos asumen ser parte del problema, su contribución en mantener el estatus quo. Hablan de sus miedos y de su frecuente incapacidad para intervenir de manera efectiva para hacer avanzar las cosas. Reconocen lo que les impide aprovechar más oportunidades para liderar:

- Me siento demasiado abrumado.
- Me estreso y no puedo pensar con claridad.
- Tengo miedo de hablar.
- Evito hablar con personas que no piensan como yo.
- Me siento impotente.
- No soporto la interrupción.
- Aquellos que me contrataron no pueden soportar la interrupción.
- Aquellos que me eligieron quieren que haga lo que ellos quieren en lugar de explorar lo que es mejor para la comunidad en su conjunto.
- No soporto decepcionar a la gente.
- No soporto el conflicto.
- No soporto el rechazo.
- Me quedo estancado en los detalles y la rutina diaria.
- ¿Me importa lo suficiente como para arriesgarme a hacer algo diferente?
- Me preocupo por todo, así que no hago nada.

¿Le suena familiar?

Cuando las personas hablan de lo que hace que sea difícil cerrar La Brecha, describen las características de los desafíos adaptativos:

- No hay una solución clara. Usted debe más bien estar listo para aprender y comprender la situación desde perspectivas múltiples.

- La autoridad y la experiencia no son suficientes. Usted necesita que todas las partes correctas comprometidas participen y estén listas para ejercer el liderazgo.

- El trabajo no es eficiente ni sencillo. Se trata de estar abierto a la curiosidad, experimentación y aprendizaje.

- El progreso rara vez ocurre rápidamente. Se necesita tiempo, paciencia y un fuerte sentido del propósito.

Cuando el desafío es adaptativo, tenemos que comprometernos con personas que piensan de manera diferente a nosotros. Tenemos que manejar nuestras propias inseguridades para hacer lo que se necesita en lugar de lo que es cómodo. Tenemos que reconocer las barreras para el progreso, pero nunca dejar que nos derriben. Tenemos que pensar estratégicamente, mantener la curiosidad, estar abiertos a aprender y estar listos para ir experimentando a lo largo del camino, a través de La Brecha.

No trate sus desafíos más difíciles como problemas técnicos

Con demasiada frecuencia tratamos los desafíos adaptativos como si fueran problemas técnicos.

Los problemas técnicos son fáciles de reconocer porque usted conoce los pasos para resolverlos o puede depender de otra persona para resolverlos. Los problemas técnicos viven en la cabeza de las personas. Usted los resuelve reuniendo hechos y usando autoridad o experiencia.

Los desafíos adaptativos, por otro lado, no están claramente definidos. La gente necesita ser curiosa y buscar nuevas formas de entender lo que está pasando. Las soluciones exigen el desarrollo de nuevas herramientas, métodos y formas de comunicación. El progreso en desafíos grandes, desalentadores y adaptativos requiere tiempo, fuerza de voluntad y paciencia. Usted puede ver por qué siempre hay presión para interpretar los desafíos como problemas técnicos.

Cuando todos lideran, todas las personas de su organización están trabajando para distinguir el trabajo técnico y adaptativo. Aquí está una forma de pensar sobre la diferencia entre ambos:

Distinguir retos Técnicos y Adaptativos

	Trabajo Técnico	Trabajo Adaptativo
El Problema	...es claro	requiere aprendizaje
La Solución	...es clara	requiere aprendizaje
¿De quién es el trabajo?	experto o autoridad	todos los interesados
Tipo de trabajo	eficiente	experimental
¿Para cuándo se necesita?	lo más pronto	largo plazo
Expectativas	solución del problema	lograr progreso
Actitud	confianza y habilidad	curiosidad

Nuestros desafíos más grandes e importantes casi siempre cuentan con una mezcla de aspectos técnicos y adaptativos. Eventualmente, usted querrá que todos hagan preguntas como: "¿Qué aspectos de esta situación son técnicos y se pueden resolver trayendo al experto adecuado o gastando dinero en el lugar correcto?" Y "¿qué aspectos son adaptativos y exigen un mayor diagnóstico y conversación con las partes interesadas?"

Distinguir lo técnico de lo adaptativo

Si el problema es únicamente técnico, aporta experiencia y habilidad:

- El WiFi en la sede corporativa está inactivo. La solución es que el administrador del edificio haga que sus técnicos trabajen en el problema. Esos técnicos tienen capacitación y experiencia para resolver el problema lo más rápido posible.

- Un puente de abordaje no funciona bien y los pasajeros no pueden salir. La solución es llevar al mecánico lo más rápido posible y darle el tiempo para solucionar el problema.

- Una joven profesional está facilitando su primera reunión de equipo. Ella quiere asegurarse de que todos tengan la oportunidad de informar sobre su trabajo para la próxima semana. Es esencial que la reunión no dure más de 30 minutos. La solución a su problema es pedirle consejo a un colega de mayor rango con reputación en organizar reuniones productivas sobre el diseño de la agenda.

Los problemas y soluciones en estos ejemplos son directos y simples. Es posible que usted no sepa cómo arreglar un puente de abordaje o redactar una buena agenda, pero alguien lo sabe. Compare estos ejemplos con las preocupaciones y aspiraciones exploradas en los últimos capítulos. Nuestras mayores preocupaciones apuntan a desafíos que son principalmente adaptativos. Son complejos, multifacéticos y en su mayor parte, se resisten a descripciones o soluciones fáciles.

Sin duda, el trabajo técnico es necesario para mantener las cosas funcionando sin problemas y de manera eficiente. Pero son los desafíos adaptativos en su organización, empresa o comunidad los que piden a gritos más liderazgo. Usted progresará más cuando todos pregunten: "¿Es nuestro desafío técnico, adaptativo o alguna combinación de ambos?"

HÁGALO REAL

Estimados Ed y Julia:

Soy enfermero y coordinador de horarios en el departamento de emergencias de nuestro hospital. Necesito que todas las enfermeras estén de acuerdo sobre cómo llenar los turnos vacantes. Reúno a la gente para tratar de hablar sobre cómo administrar el horario, pero la discusión sigue descarrilándose. Las personas pasan el tiempo hablando sobre lo agotados que están y cómo se sienten poco apreciados por los médicos y los administradores de los hospitales. Después de la reunión, todavía estoy luchando por cubrir las ausencias de última hora. La mayoría de las veces termino cubriéndolas yo mismo. Ayúdenme. ¡Yo también estoy agotado! ¿Cómo se ejerce el liderazgo aquí?

—No puedo soportarlo más, Kai

Querido Kai:

Ha ofrecido un gran ejemplo de un desafío complejo que tiene aspectos que son técnicos y otros que son adaptativos. La pieza técnica principal parece ser cómo llenar los turnos vacantes. Puede abordar eso utilizando su autoridad como coordinador (el experto, la persona a cargo). No les dé ese trabajo a las otras enfermeras. Decida cómo va a funcionar el horario y responsabilice a las personas para hacer su parte. Obtenga ayuda de un jefe o mentor si no tiene todas las habilidades o la información que necesita para configurar un sistema que funcione. A veces el trabajo técnico como este es suficiente. Satisface a las personas, calma las cosas y elimina el problema. Pero por lo que nos ha dicho, hay dilemas más profundos aquí.

Algunos aspectos de su desafío retan las soluciones fáciles. Más allá de las tuercas y tornillos o de los horarios, ¿cuáles podrían ser las razones más profundas por las que sus discusiones se están descarrilando? ¿La confusión en torno a cómo llenar los turnos vacantes simboliza algo más grande sobre la cultura? Nos preguntamos si su desafío se trata de mantener a las enfermeras de la sala de emergencias comprometidas y motivadas para hacer su mejor trabajo cuando se sienten agotadas, abrumadas o incluso subestimadas.

Por ahora, los mejores pasos de liderazgo pueden ser escuchar y tratar de determinar qué puede arreglar usted al usar su autoridad y qué aspectos del desafío son adaptativos y requerirán involucrar a otras personas. Escuche, en la estación de enfermeras y en la cafetería, cómo se sienten sus colegas. En lugar de hablar sobre los horarios, considere usar el tiempo de la reunión para hacer las preguntas del Capítulo 5. Incluso si no está en la descripción de su trabajo, comience a aprender todo lo que pueda sobre lo que motiva y desmotiva a las enfermeras de su departamento. Siga regresando al gráfico de este capítulo, y siga preguntándose: ¿Qué sobre esta situación es técnico? ¿Y qué es adaptativo?

Parte Dos

Barreras al progreso

i usted alguna vez ha tratado de abordar un problema arraigado y desalentador, sabe lo difícil que es encontrar el camino a seguir. No hay un camino claro. Las barreras abundan. El trabajo de lidiar con ellos es desordenado y difícil. Con los desafíos adaptativos, incluso sus mejores intentos para que las cosas avancen no funcionan o son lamentablemente inadecuados.

Las barreras al progreso no son ilusiones. No abordarlas empeora aún más nuestros mayores problemas. Pero la mayoría de la gente preferiría no lidiar con las cosas que dificultan el liderazgo. Prefieren eludir una conversación difícil o no escuchar a alguien con una opinión diferente. Demasiadas personas eligen la comodidad sobre el liderazgo.

Pero aquellos que realmente quieren resolver los desafíos más desalentadores no se alejan de La Brecha. En cambio, llegan a conocer las cinco grandes barreras para el progreso y pueden movilizar a otros para encontrar soluciones.

En los siguientes cinco capítulos describimos las barreras comunes para el progreso en los desafíos adaptativos. A medida que usted lea esto, descubrirá, tal como lo hicimos nosotros, que el progreso en los desafíos adaptativos requiere:

1. Lidiar con la pérdida
2. Re-ordenar los valores
3. Resistirse al encanto de una solución rápida
4. Más que autoridad (liderazgo de muchos, no de pocos)
5. Manejo del riesgo

La mayoría de nosotros estamos buscando formas de resolver los desafíos complejos que hacen frente nuestras organizaciones y comunidades. Cuantas más personas reconozcan las barreras, avanzaremos más en lo más importante.

7

Nuestros desafíos más difíciles implican pérdidas

Cuando Ron Heifetz habla de desafíos adaptativos, él utiliza la evolución como metáfora. De manera similar a la forma en que las especies se adaptan (también conocido como cambio) para encajar en su entorno, también deben adaptarse nuestras organizaciones, empresas y comunidades para sobrevivir y prosperar. La adaptación no es solo un proceso de sumar, sino también de restar, de dejar ir. Para cruzar La Brecha hacia una nueva y mejor realidad en común, tenemos que estar dispuestos a asumir alguna pérdida.

Pasamos tiempo investigando la crisis financiera global del 2008 para ayudar a desarrollar nuestro pensamiento en torno a estas ideas de pérdida, cambio masivo y adaptación forzada. Descubrimos que las organizaciones que prosperaron durante la crisis fueron las que se reinventaron e invirtieron. Con la palabra *reinventaron* nos referimos a que reconocieron, entendieron y aceptaron las pérdidas necesarias. Hicieron recortes y se enfocaron los recursos escasos donde más se necesitaban.

A diferencia de las empresas que fracasaron o apenas sobrevivieron a la crisis, las empresas exitosas no solo se establecieron. Dieron prioridad a la innovación. Asumieron riesgos. Incluso en medio de una crisis, invirtieron en nuevas formas de avanzar.

Esas compañías entendieron que el progreso en nuestros desafíos más importantes requiere dejar de lado algunas cosas para que podamos apoyarnos en otras.

La crisis financiera del 2008, al igual que la pandemia del COVID-19, crearon un cambio masivo, pero la presión para evolucionar ha estado aumentando durante años. La tasa de cambio se ha acelerado tan rápidamente en las últimas décadas que la necesidad de adaptarse es casi constante. Siempre nos estamos ajustando a nuestras propias pérdidas y ayudando a otras personas a lidiar con las suyas.

La gente odia el cambio porque le teme a la pérdida

Por un lado, la gente anhela el cambio. Imaginamos cómo sería la vida después de ganar la lotería del premio mayor de Mega Millions. Damos apoyo para que nuestro partido político gane, creyendo en su mensaje de cambio. Anhelamos el gran contrato que cambiará drásticamente nuestro departamento en el trabajo, lo que nos permitirá finalmente expandir nuestro equipo y tener más impacto.

Por otro lado, se nos ha dicho que la gente tiene miedo al cambio. Es el mantra que usted escucha cada vez que habla con alguien que se está resistiendo a su gran y brillante idea.

¿Yo que gano? Aquí hay una manera de pensarlo:

Nos encanta el cambio que solo tiene ventajas.

- Un departamento recibe un 300 por ciento más de autoridad presupuestaria para poner en marcha esos grandes planes que los empleados han estado soñando.

- Un equipo deportivo universitario cambia de liga y ahora aparecerá en la televisión nacional cada semana, atrayendo más atención y fama al equipo y a la base de sus fanáticos.

- Una multimillonaria local da todo su dinero para crear nuevas organizaciones artísticas, parques y servicios para que la comunidad disfrute sin aumentos de impuestos.

A todo el mundo le encanta ese tipo de cambio.

Pero odiamos el cambio que trae pérdidas.

- Un departamento debe fusionarse con otro creando eficiencias para la empresa, pero probablemente llevando a despidos del 50 por ciento.

- Un equipo de deportistas universitarios ve a otros equipos abandonar la liga por una mejor competencia y más ingresos por televisión. La liga se debilitará y el equipo recibirá menos atención y menos ingresos por televisión.

- Una comunidad ha decidido aumentar los impuestos en $500 millones para invertir en parques y servicios de recreación. A los ciudadanos les gustan los aspectos positivos para la comunidad, pero tienen dudas cuando ven cambios en las facturas de sus impuestos.

Cuando se ven enfrentados a un desafío adaptativo, la mayoría de las personas echan un vistazo rápido, ven la pérdida, el conflicto y la incomodidad, y miran hacia otro lado. La incapacidad de lidiar con la pérdida que viene con el cambio es una barrera importante para el progreso en nuestros desafíos más difíciles.

¿Por qué es difícil aceptar que el cambio requiere pérdidas?

Queremos creer que podemos crear un cambio, pero evitar las pérdidas. Nos mentimos a nosotros mismos y a los demás sobre las pérdidas que vienen con el progreso en los desafíos difíciles:

- **Las autoridades nos dicen que podemos tener nuestro pastel y comerlo también.** Nos hemos acostumbrado a que los políticos nos digan que podemos tener todas las ventajas y ninguna desventaja. Queremos creer que esto es posible.

- **Las personas con autoridad no están capacitadas para ayudar a otros a navegar las pérdidas.** Carecen de habilidades para hablar con empatía, escuchar profundamente y saber cómo acelerar el cambio.

- **Estamos condicionados a evitar lo negativo.** Nos centramos en el cambio optimista, no en la desafortunada pérdida. No dejamos que nuestra mente vaya allí.

- **Odiamos decepcionar a la gente.** No queremos crear conflicto o avivar la ira. Ayudar a otros a enfrentar pérdidas requiere de valentía que no tenemos.

- **A veces la pérdida es nuestra.** Por ejemplo, para que su organización vuelva a centrarse en su misión, es posible que tenga que dejar de lado un programa o una parte de su rol que lo define. Cuando los desafíos son adaptativos, nadie obtiene un pase libre.

La investigación muestra que las personas sienten más el dolor al perder algo que ya tienen que el placer al obtener algo del mismo o mayor valor. Del mismo modo, los individuos a menudo incluso ignorarán la evidencia de sus propios sentidos si eso les permite estar de acuerdo con el grupo. Cuando nos enfrentamos a un desafío difícil, ejercemos presión sobre nosotros mismos y sobre los demás para evitar pérdidas y mantener el estatus quo.

¿Qué sucede cuando aceptamos la pérdida como parte del cambio?

Aceptar el hecho de que resolver nuestros desafíos más importantes implica pérdidas abre la puerta para un cambio duradero. Cuando vinculamos el cambio con las pérdidas, nosotros podemos:

- **Tratar de entender las pérdidas para nosotros y para otras personas.**

- **Buscar maneras de mitigar y ayudar a las personas a lidiar con las pérdidas.** Para obtener más información sobre cómo ayudar a otros a lidiar con las pérdidas que viene con el cambio, consulte el capítulo "Hablar de las pérdidas" en el libro de Ed *Comienza Contigo*.

- **Acelerar el trabajo.** Ayudar a las personas a lidiar con las pérdidas lleva tiempo. Demasiadas iniciativas fracasan porque los agentes de cambio no apreciaron las pérdidas.

El potencial de pérdida nos mantiene estancados. Crea resistencia al cambio. Por otro lado, comprender el vínculo entre el cambio y las pérdidas energiza a las personas. Nos hace más pacientes cuando las cosas toman tiempo. Lidiar con las pérdidas puede parecer lento al principio. Pero en última instancia, ayuda a que el cambio se mantenga.

Todos necesitan entender la relación entre las pérdidas y el cambio

El cambio ocurre más rápido cuando una masa crítica de personas conecta la aceptación de las pérdidas con el progreso de sus desafíos más importantes. Una vez que las personas entiendan esa conexión, será más probable que ejerzan el liderazgo, a su manera, para ayudar a nombrar, comprender y mitigar las pérdidas que viene con el cambio. Cuando todos lideran, nos ayudamos mutuamente a navegar las pérdidas.

HÁGALO REAL

Estimados Ed y Julia:

Soy parte de una coalición de grupos cívicos (Cámara de Comercio, Oficina de Visitantes, Fundación Comunitaria, etc.) que está presionando por una urbanización masiva de propiedades en el centro de la ciudad. Los planes que hemos creado incluyen atracciones emocionantes que harán que nuestra comunidad sea más atractiva para jóvenes profesionales, empresas y familias. ¡Pero la resistencia de aquellos que quieren mantener las cosas iguales es agotadora! No tienen ideas propias. ¡Están en contra de todo lo que proponemos! Hemos estado en esto durante años y estoy empezando a temer que no haya una resolución a la vista. ¿Por qué es esto tan difícil?

—En busca de soluciones, Soren

Querido Soren:

La gente no se resiste a las cosas que piensan que son maravillosas. Los cambios que ofrece deben representar una pérdida para estos oponentes. No podrá ponerlos de su lado predicando por qué su plan es el correcto. El liderazgo aquí es comprender las pérdidas percibidas o reales y mitigar estas pérdidas tanto como sea posible.

Ha estado en esto durante años y es probable que luche durante más años a menos que usted se enfrente a los oponentes de manera diferente. ¿Qué podrían perder ellos? Tal vez su plan derribará edificios históricos que a ellos les importan. Tal vez su plan desviará recursos energéticos y fiscales de otras partes de la ciudad que ellos temen serán descuidados.

A menos que su grupo simplemente tenga poder unilateral (poco probable dado que ha estado en esto por ya algún tiempo), el liderazgo debe involucrar a estos otros bandos y no quejarse de ellos. Tal vez algunos de los temores de sus oponentes son válidos y usted necesite ajustar su plan.

No será fácil. Pero así es como se ve el liderazgo en desafíos adaptativos.

8

Los valores se enfrentan cuando se busca cerrar La Brecha

El progreso se detiene ante un desafío adaptativo cuando su equipo no aborda un conflicto entre valores. No es vergonzoso tener valores en competencia. Es humano querer dos o más cosas a la vez. El problema está cuando los valores en conflicto no se abordan, las preocupaciones se hacen más profundas y las grandes aspiraciones siguen siendo solo eso.

Considere estas situaciones:

- Una pareja casada dice que valora la educación superior de sus hijos, pero su cuenta de ahorros cuenta una historia diferente. No hay nada allí. La batalla aquí es entre el valor adoptado para la "educación superior" y el valor real para "vacaciones y vehículos de último modelo".

- Un candidato político afirma que valora a los votantes en todo el estado, pero pasa la mayor parte de su tiempo de campaña y dinero en las áreas rurales. Una vez elegido, su agenda se centra en los intereses rurales más que en los intereses urbanos y suburbanos. La batalla aquí es entre el valor adoptado por "cada votante" y el valor real por "los votantes que me pusieron a cargo".

- Una empresa afirma que valora la colaboración, pero los gerentes toman el crédito por las buenas ideas de su equipo y los vendedores se quedan con los clientes más populares para sí mismos. Además, el equipo ejecutivo otorga grandes bonificaciones a los empleados más destacados, dejando a los miembros del equipo quejándose cuando sus contribuciones no son reconocidas. La batalla por el equipo ejecutivo es entre el valor adoptado del "trabajo en equipo" y el valor real de "complacer a las personas que no queremos que nos arrebaten".

Cuando el reto es adaptativo un grupo tiene que renegociar la relación entre los dos valores. Pero a la gente no le gusta hablar con franqueza sobre cuáles valores les llaman la atención y cuáles son sólo de palabra. Tenemos un valor que felizmente proclamamos al mundo. Lo ponemos en nuestros folletos y en la pared de nuestra sala de reuniones. El otro se siente menos noble. Puede tratarse de la sobrevivencia de nuestra organización, las inseguridades de los miembros del equipo o el deseo de mantener intacta la cultura de nuestra empresa. Se habla de un valor, pero no se realiza plenamente. El segundo ejerce una oposición silenciosa al primero. Para simplificar, cuando un grupo se enfrenta a un desafío difícil, un valor está "ganando" y el otro valor está "perdiendo". La batalla invisible hace más lento todo.

Cuando el progreso se detenga, examine los valores

Un enfrentamiento de valores no examinado podría estar drenando la energía de su iniciativa de cambio.

Aquí hay otro ejemplo: un equipo ejecutivo dice que la diversidad y la inclusión son importantes. Se dicen a sí mismos que valoran las nuevas perspectivas y tienen la intención de diversificar su equipo algún día. Pero piensan que simplemente no tienen tiempo para hacerlo realidad ahora. Necesitan llenar un puesto vacante crítico y resulta que Billy y Sarah, a quienes conocen desde hace años y que tienen una formación como la suya, son candidatos perfectos. El equipo decide que no hay necesidad de buscar.

En esta situación los valores se enfrentan entre sí y "llenar el puesto ahora" ganó. Si el desafío más difícil de esta empresa es desarrollar una fuerza laboral más diversa e inclusiva, el equipo ejecutivo ha perfeccionado el arte de poner excusas.

Para que estos dos valores reciban la misma atención, las personas de toda la empresa tendrán que fusionar el impulso por la diversidad con el imperativo comercial para cubrir los puestos vacantes. Eso puede parecer como tolerar el dolor de una búsqueda de trabajo abierta por más tiempo. Puede requerir más tiempo para desarrollar nuevas redes y menos ofertas de trabajo en los lugares habituales. Abordar el enfrentamiento entre valores significa centrar el mismo nivel de energía tanto a la *importancia* de un grupo diverso de candidatos como a la *urgencia* de ocupar el puesto.

Formas en que ocultamos o minimizamos los conflictos entre valores

Las personas ocultan o minimizan los conflictos entre valores de dos maneras comunes.

Afirmamos que valoramos algo, pero no le asignamos tiempo ni dinero. En lo que gastamos tiempo y dinero enseña a los demás lo que valoramos. Queremos ser vistos como personas que valoran todas las cosas nobles, así que decimos estar a favor de una cosa, pero no gastamos suficiente tiempo o dinero para lograrlo.

- Una ciudad dice que valora los parques, pero ha disminuido los fondos para los parques durante varios años consecutivos. Los miembros del ayuntamiento podrían abordar esta barrera al progreso discutiendo abiertamente la tendencia a valorar más "no nuevos impuestos" sobre "los parques en cada vecindario".

- Una compañía dice que valora sus oficinas en el extranjero, sin embargo, los altos ejecutivos nunca tienen tiempo para visitarlas. Los empleados internacionales podrían involucrarse más si los ejecutivos discuten abiertamente el conflicto entre valores. La mayoría de la gente preferiría ver a la autoridad luchar por prioridades en competencia que proceder en una hipocresía silenciosa.

- Una mesa directiva sin fines de lucro habla sobre lo importante que es retener a los trabajadores de primera línea, pero el porcentaje del presupuesto asignado para sus beneficios se reduce cada año. El comportamiento de la junta demuestra con exactitud cuánto valora realmente a esos trabajadores.

Con demasiada frecuencia nos centramos en dónde estamos de acuerdo e ignoramos los valores en conflicto. Usted sabe que tiene un duro desafío adaptativo en sus manos si hay un acuerdo público sobre un gran objetivo o aspiración, pero el progreso sigue siendo difícil de alcanzar. Las personas evitan lidiar con valores en competencia diciéndose los unos a otros "todos estamos de acuerdo". Se van a dormir cada noche confiados en que el trabajo duro ya pasó y se despiertan al día siguiente sin ver que se haya hecho nada sustancial.

- Un país afirma valorar la educación preescolar y el cuidado de los niños. Las personas en el gobierno local, regional y nacional hablan de apoyar el aprendizaje de edad temprana para todos. Ningún funcionario electo se "opone" a más fondos. Pero siempre hay 57 cosas que exigen mayor prioridad.

- Un gobernador se compromete a mejorar la educación K-12 en su estado. Convoca grupos de trabajo y conferencias donde los oradores elogian la nobleza de la causa. Pero evitan hablar de las personas que pueden enfrentar pérdidas con los nuevos enfoques de educación. Los oradores pintan un futuro prometedor y no abordan el enfrentamiento entre valores entre "comodidad, previsibilidad y empleos seguros para administradores y maestros" y la aspiración de "el mejor sistema educativo del país".

- Los gerentes de una organización regional de servicios sociales están listos con una nueva estructura diseñada para hacer que la organización sea más competitiva y ganar más contratos. Pero hasta ahora nadie ha preguntado cómo los cambios están afectando a los clientes de bajos ingresos. Ignoran el enfrentamiento de valores entre "ganar más contratos" y "escuchar a nuestra gente".

No se está vendiendo

El progreso en un desafío difícil no requiere que usted traicione sus principios. No necesitamos ignorar una cosa que valoramos para ir con otra cosa. Solo necesitamos estar dispuestos, por un tiempo, a valorar una cosa un poco menos para que podamos valorar la otra un poco más. Necesitamos pasar menos tiempo y menos recursos en un solo lugar para poder dedicar más energía a lo más importante.

El enfrentamiento entre valores requiere el liderazgo de muchos, no de unos pocos

Exhibir los valores de su empresa en la pared de la sala de la junta directiva no los convierte en sus valores.

Las palabras en la pared son solo palabras. Los valores reales son aquellos que las personas en todos los niveles de su organización adoptan y ponen en práctica. Los valores reales no se establecen en una sola reunión. Responder a la pregunta, "¿Qué valora su grupo?" ocurre durante cientos de elecciones hechas por las personas todos los días.

Si desea que su organización cumpla con éxito sus desafíos más importantes, necesitará muchas personas que puedan:

- Nombrar el valor que conduce a una decisión.

- Reconocer los valores en competencia.

- Participar en conversaciones sobre cómo navegar por valores en conflicto.

Cerrará La Brecha más rápido cuando todos se pregunten: "¿Coincide lo que estamos haciendo con lo que hablamos sobre lo que más nos importa?"

Cuando todos lideran, las personas de todos los niveles de su organización, comunidad o familia se sienten empoderadas para nombrar esas prioridades ocultas. Buscan momentos para hacer preguntas sobre si el grupo está haciendo lo que dice. Todos se sienten obligados a hacer lo posible por desarrollar una comprensión común de lo que es más importante. Cuando todos lideran, dejamos de depender de la persona con autoridad para ver todo, detectar cada desalineación y nombrar todas las cosas difíciles.

HÁGALO REAL

Estimados Ed y Julia:

Soy el administrador de la ciudad de un municipio grande con una infraestructura anticuada. Durante años hemos sabido que nuestras tuberías de agua en toda la ciudad necesitan reparaciones y reemplazos urgentes. El cien por ciento de las tuberías están en riesgo de una falla crítica. Pero resolver esta situación requiere de una inversión de al menos $200 a $300 millones. El ayuntamiento no ha estado dispuesto a hacer uso de su capital político para tal inversión. Sin embargo, hemos construido un nuevo estadio de béisbol, hemos ampliado los parques y estamos planeando un nuevo centro de artes escénicas. El precio de estos excede significativamente el proyecto de agua. ¿Cómo debería ser el liderazgo en esta situación?

—Willie de Waterville

Willie:

Nuestra suposición es que su ayuntamiento seguramente dirá que valora la infraestructura del agua. Pero es algo que tendría que ser comprobado, ¿verdad? Su disposición a financiar el estadio y otros proyectos sugiere una batalla clásica de valores en competencia. Parecen valorar las cosas que se pueden ver y que brillan y son nuevas en comparación con las cosas aburridas que no se pueden ver. Las tuberías de agua son aburridas. Tal vez a los miembros del ayuntamiento les preocupa que sus jefes (los votantes) no estén tan impresionados con las tuberías de agua ocultas como lo están con los nuevos entretenimientos.

El liderazgo aquí parece ayudar para que muchas personas (los funcionarios electos, el personal de la ciudad, los políticos importantes de la comunidad, etc.) vean y hablen sobre la elección del valor con claridad. Una pregunta clave que le animamos a hacer a menudo es esta: decimos que valoramos resolver el problema del agua, pero ¿qué acciones o inversiones respaldarían eso?

9

Las soluciones rápidas no funcionan

Es fácil engañarnos a nosotros mismos y creer que podemos resolver nuestro mayor desafío, pero evitamos la incomodidad que conlleva el trabajo adaptativo.

Tal vez usted se enfrenta a un desafío y ha identificado una solución rápida y prometedora. Sí, definitivamente, ¡explore esa idea! Pero tenga cuidado: podría ser una distracción. El progreso siempre lleva más tiempo del que queremos admitir.

Piénselo de esta manera: tomó meses, años o incluso décadas crear el problema (es decir, la disminución de las ventas, el aumento de la población sin hogar, una disputa familiar, etc.) o la oportunidad frente a usted (diversificar la economía de la comunidad, fusionar dos empresas en una más fuerte, hacer que su organización sea más inclusiva). Una multitud de factores crearon su situación actual, por lo que se necesitarán muchos cambios, grandes y pequeños, para crear un cambio duradero.

La solución rápida es seductora

Incluso las personas mejor intencionadas pueden ser seducidas y desviadas por el deseo de tener una solución rápida a un desafío grande, desalentador y adaptativo. Por ejemplo:

- Los ingresos de primera línea en una empresa de tecnología se han estancado y la disminución de las ventas de su producto estrella es la culpable. El progreso requerirá nuevos niveles de inversión en innovación en toda la empresa. Sin embargo, cuando se dispone de nuevos recursos, en lugar de utilizarlos para impulsar el desarrollo de nuevos productos, las autoridades triplican el presupuesto para la publicidad del producto estrella. Mientras tanto, el trabajo adaptativo de adoptar una cultura de innovación pasa a un segundo plano. Varios trimestres después, no se han realizado mejoras significativas ni en los ingresos ni en la innovación. La Brecha es más grande que nunca.

- Los estudiantes de una escuela tienen un rendimiento dramáticamente inferior cuando se trata de la cantidad de estudiantes de tercer grado que leen al nivel del grado al que pertenecen. El progreso requerirá una variedad de intervenciones en la escuela, el vecindario, las comunidades religiosas y las familias. Los miembros de la mesa directiva escolar se dejan seducir por un nuevo plan de estudios de lectura. Dedican una parte significativa de su ajustado presupuesto a la capacitación de maestros, nuevos libros y recursos para el programa. El atractivo de la solución rápida distrae a todos de la necesidad de hacer intervenciones más integrales.

- Una iglesia está perdiendo miembros constantemente. Los jóvenes rara vez ocupan las bancas. El progreso requerirá múltiples esfuerzos, incluyendo escuchar a los jóvenes y discernir por qué el mensaje, las tradiciones y las prácticas de la iglesia no están haciendo conexión con ellos. Pero no hay tiempo para ese discernimiento porque se están vertiendo todos los recursos disponibles en un nuevo servicio con una banda de alabanza y monitores. Mientras tanto, dos parejas jóvenes abandonan la congregación y el problema empeora a medida que el grupo retrasa un diagnóstico más profundo.

En la mayoría de los casos, una solución rápida seductora es aquella que pone todos los huevos en una misma canasta. Si caemos en el encanto de la solución rápida, a sabiendas o no, transmitimos un mensaje a todo nuestro sistema de que está bien dejar de ser curioso, dejar de innovar y hacer más lento el aprendizaje. Incluso podemos enviar inadvertidamente el mensaje de que no hay un desafío adaptativo, ninguna complejidad con la que lidiar, ninguna presión peligrosa para navegar. Si decidimos que tenemos esto bajo control, corremos el riesgo de hacer que La Brecha entre preocupaciones y aspiraciones sea más grande en lugar de más pequeña. Una solución rápida desvía la atención de nuestro desafío más importante y hace que sea más difícil que nunca para las personas encontrar formas únicas de contribuir a crear un cambio significativo.

Evite la trampa entendiendo el encanto

Podemos estar dedicados a la misión y el éxito de nuestra organización o empresa y aun así caer en la trampa de la solución rápida. Podemos dar un salto a lo que parece ser una solución indolora y esquivar el inevitable trabajo adaptativo.

Hay buenas razones para querer una solución rápida:

1. **Nos lavamos las manos.** Aplicar una solución rápida desvía nuestra mirada de La Brecha y nos permite pasar a otra cosa. La solución rápida nos permite evitar el trabajo desordenado e incómodo, como tratar con otros sectores y molestar a las personas que nos importan. Una solución rápida nos permite lavarnos las manos al permitirnos pensar que hemos terminado.

2. **Podemos hacer lo que somos buenos haciendo.** Cuando elegimos una solución rápida, generalmente es un enfoque con el que nos sentimos cómodos. Cuando, en cambio, nos resistimos al encanto, nos mantenemos en un estado de desequilibrio. La curiosidad es el único camino por seguir. ¿Cuántos de nosotros estamos dispuestos a admitir públicamente que no sabemos cómo resolver un desafío desalentador? Preferimos aplicar una solución de nuestro bolsillo que admitir que tenemos mucho que aprender.

3. Satisface a las personas que necesitamos complacer.
Evitar el encanto de la solución rápida es especialmente difícil para las personas que necesitan votos (o la aprobación de una mesa directiva) para mantener su trabajo. La gente espera que los que tienen autoridad mantengan todo bajo control. Ningún jefe o funcionario electo quiere hacer un discurso diciendo que la solución a un desafío difícil requerirá trabajo duro de todos, que todos tendrán que renunciar a algo y que el progreso será gradual.

No importa quién sea y cuánta experiencia tenga, sentirá la tentación de solo mirar lo que más le preocupa, tomar la solución rápida y convencerse de que ha cerrado La Brecha. De vez en cuando, generalmente en los casos en que su desafío es más técnico que adaptativo, la solución rápida funciona. Si el reto es adaptativo, no cuente con eso.

Más allá de la solución rápida: liderazgo de muchos, no de pocos

Una vez que todos en su sistema entienden el encanto de la solución rápida, tres cosas comienzan a suceder:

1. Usted ejecuta más experimentos.
Cuando rechazamos la solución rápida, dejamos de poner todos nuestros huevos en una sola canasta. En lugar de invertir todos los recursos adicionales en una campaña de publicidad, por ejemplo, si nuestro desafío es el estancamiento del desarrollo de productos, realizaríamos múltiples experimentos para fomentar la innovación en todos los departamentos. Sí, los diseñadores de productos tendrían que pensar de manera

diferente, pero todos los demás también tendrían que imaginar nuevas formas de trabajar juntos. Los empleados verán cada intervención como un experimento en lugar de una "solución" e invertirán solo recursos limitados hasta saber qué experimentos tienen la mayor promesa de éxito.

2. **Usted establece mejores horarios.** Cuando aceptamos que una solución rápida no conducirá a un cambio duradero, nos volvemos más realistas acerca de nuestras expectativas. Establecemos puntos de referencia que reconocen la naturaleza adaptativa del trabajo y encontramos oportunidades para celebrar el progreso en el camino.

3. **Usted deja de prometer demasiado y comienza a entregar en exceso.** Cuando las personas intentan soluciones rápidas, son propensas a prometer demasiado: el jefe promete que la fusión será fácil, el alcalde promete que si todos usan cubrebocas la pandemia terminará pronto, el presidente promete un rápido fin de una recesión. Las expectativas se vuelven absurdamente altas. Cuando entendemos el atractivo de la solución rápida, es más probable que prometamos poco y entreguemos en exceso, lo cual es una mejor receta para relaciones saludables e iniciativas de cambio exitosas.

A medida que más personas aprecian las complejidades del trabajo adaptativo, dejan de creer que existe una persona con la respuesta correcta y comienzan a preguntarse cómo pueden contribuir. Pensar más allá de la solución rápida crea espacio para que más personas se involucren, aprovechen su momento para liderar.

HÁGALO REAL

Estimados Ed y Julia:

Soy dueño de un negocio en un pueblo rural lejos de una gran área urbana. Dos de nuestros seis empleados están renunciando. No hay mucha gente local calificada para estos puestos. Muchas empresas se enfrentan a este problema. Es difícil lograr que la gente se mude a esta parte del estado y es difícil mantenerlos aquí. El reclutamiento y la retención de empleados son mis mayores desafíos. Estoy a punto de firmar un contrato con una empresa de personal fuera del estado, con la esperanza de tener finalmente una resolución. ¿Tienen alguna otra idea sobre cómo el liderazgo debería ser en esta situación?

—Lev, cansado de que la gente se vaya

Estimado Lev:

El contrato con la empresa de recursos humanos podría tener sentido. Pero suena muy parecido a una solución rápida. Esa agencia le ayudará a cumplir esos roles, pero parece que la puerta giratoria es un problema constante. No podemos imaginar que la empresa de recursos humanos pueda hacer mucho para ayudar con la retención o la falta de trabajadores locales calificados.

El liderazgo aquí probablemente buscaría explorar soluciones más duraderas. Comprometa a las personas para que trabajen en el desafío a largo plazo. ¿A quién más le concierne traer trabajadores calificados a su región o volver a capacitar a los que ya están allí? ¿Qué experimentos podría ejecutar que podrían preparar a su empresa y comunidad para un éxito duradero?

Considere explorar una asociación entre las empresas locales y un colegio comunitario cercano para brindar a las personas que ya viven en la comunidad la oportunidad de aprender las habilidades necesarias en las empresas del área.

El contrato con la empresa de recursos humanos puede ser necesario, pero no resolverá nada a largo plazo. Apóyese del liderazgo en esto. Dentro de unos años, su empresa y su comunidad estarán agradecidas de haberlo hecho.

10

La autoridad nunca es suficiente para cerrar la brecha

Apoyémonos en esta noción inquietante de que incluso si usted es el gerente general (o el gobernador, primer ministro o presidente), cuando el desafío es adaptativo, su autoridad por sí sola nunca será suficiente para cerrar La Brecha. El progreso en los desafíos adaptativos requiere que aquellos con autoridad hagan su parte, pero su parte por sí sola no es suficiente para el progreso.

Imagine una vicepresidente de recursos humanos que quiere evitar que los empleados entreguen "permisos" de ausencia después de que ya se han tomado su tiempo libre. Ella puede tomar medidas para resolver ese problema. Ella puede forzar un cambio de comportamiento simplemente emitiendo una política que diga que los permisos serán denegados cuando se presenten después de que se haya tomado tiempo libre. Ella puede descontar el pago del empleado como resultado de violar la política. Las cosas cambiarán rápidamente cuando ella despliegue su autoridad porque el desafío es técnico y ella es la que está a cargo.

Si el problema es técnico, lo resolvemos usando nuestra propia autoridad o aprovechando la autoridad de otra persona. Sin embargo, si el desafío es adaptativo, esa autoridad no es suficiente. Las personas con autoridad deben adoptar un enfoque diferente para instigar el cambio.

Ahora imagine que el gerente general le encarga al vicepresidente que fomente más creatividad en toda la empresa. En este escenario, ningún mapa similar, ningún uso rápido de la autoridad puede forzar ese tipo de cambio. No puede emitir una directiva o instituir una política de creatividad y esperar ver resultados. Hasta cierto punto, la autoridad del vicepresidente y el acceso al presupuesto y otros recursos es útil. Puede convocar una serie de conversaciones con una variedad de partes interesadas, haciendo preguntas abiertas sobre las barreras a la creatividad en la empresa. Puede traer oradores y realizar talleres sobre creatividad. Ella puede sugerir que se agregue "evidencia de soluciones creativas a los problemas" a la bonificación de rendimiento de fin de año. Ella puede comprar copias de *Creative Confidence* de los hermanos Tom y David Kelley y organizar una serie de discusiones en clubes de lectura con los empleados. Todas estas acciones podrían ser útiles, pero ninguna puede garantizar el progreso hacia una empresa más creativa.

En cambio, el progreso requiere que muchos empleados suban y bajen en el organigrama, cada uno de los cuales decide hacer una o dos cosas de manera diferente en el espíritu de fomentar más creatividad. Cerrar La Brecha podría ocurrir en un millón de combinaciones: podría parecer que más gerentes generen agendas de reuniones que giran en torno a preguntas abiertas en lugar de actualizaciones del departamento, o más contribuyentes individuales que deciden probar un nuevo enfoque para un proyecto, incluso si eso significa que tomará un poco más de tiempo terminar. La autoridad del vicepresidente es útil, pero no suficiente.

Nuestros sistemas ponen enormes expectativas (a menudo tácitas) en las personas con autoridad para tratar los problemas como si fuesen técnicos. Pero si el vicepresidente comete ese error aquí, la compañía perderá innumerables oportunidades para que otras personas ofrezcan formas de avanzar.

Cuando los grupos esperan que los de arriba solucionen problemas que son adaptativos, pierden tiempo y recursos preciosos.

Liderazgo y autoridad no son lo mismo

El liderazgo es una actividad. Es un verbo. Una cosa que hacemos. El liderazgo es alentar a otros a avanzar en desafíos complejos y arraigados. No es un puesto.

La autoridad es un puesto. La gente lo sostiene. Y siempre, si estamos hablando de los desafíos adaptativos realmente difíciles, ninguna persona es lo suficientemente poderosa como para ejercer todo el liderazgo por sí misma.

No estamos diciendo que se deshagan de todos los presidentes, pastores, presidentes de mesas directivas y directores ejecutivos. ¡Ni mucho menos! El mundo necesita personas en puestos de autoridad. Las comunidades los eligen y los nombran por una razón. Las organizaciones los reclutan y contratan para proporcionar estructura y ayudar a las personas a sentirse lo suficientemente contentas y seguras como para presentarse todos los días al trabajo y hacerlo bien. Las autoridades deben proyectar una visión y establecer una dirección, pero eso no es suficiente para avanzar en los desafíos adaptativos.

Tal vez usted es una persona con autoridad. Ha sido contratado (o elegido o designado) para un puesto elevado. Aquellos que lo eligieron para el trabajo esperan que guíe el camino a seguir. Otros buscan en usted el sentido de orden que necesitan para sentirse seguros sobre su lugar en el mundo. Quieren que les facilite el éxito y los proteja de las amenazas externas. Si las personas adecuadas se mantienen felices, usted mantiene su trabajo.

Por lo tanto, la tentación para la persona a cargo es tratar cada desafío como algo que debe arreglarse rápidamente o dejarse de lado. Con un desafío adaptativo, este enfoque puede calmar las cosas a corto plazo, pero realmente no resolverá el problema. El progreso en nuestros desafíos más importantes casi siempre implica hacer algo disruptivo para sacar a las personas del estatus quo.

El gran cambio ocurre cuando todos lideran

El gran cambio solo es posible cuando liberamos nuestra dependencia de la autoridad. El gran cambio llega cuando cada uno de nosotros da un paso adelante para ver y aprovechar nuestros momentos para liderar.

Cuando todos aceptan la idea plenamente de que la autoridad no es suficiente para progresar en nuestros desafíos más importantes:

- **Es más probable que consideremos nuestro rol en el problema o pieza en el rompecabezas.** Si usted tiene autoridad, comienza a entender que su papel tiene que ver menos con resolver el problema usted mismo y más en crear las condiciones para que otros ejerzan el liderazgo. Si no tiene autoridad, se da cuenta de que puede ser un participante activo en el cambio.

- **La atención se centrará en todo el sistema, en lugar de solo en aquellos con autoridad.** Usted y sus colegas verán que cerrar La Brecha (es decir, revertir los bajos números de ventas, finalmente crear una cultura de dos organizaciones que se fusionaron hace años, aumentar las tasas de graduación, etc.) es un desafío que cada uno puede poseer e influir desde una perspectiva única.

- **Las intervenciones de la autoridad se ven de diferentes maneras.** En lugar de decirle a los demás cómo ve el problema y cuál es la solución, un ejecutivo involucraría a su equipo con preguntas: ¿Qué le preocupa de esta situación? ¿Qué contribuye al problema? ¿Quién tiene que hacer qué para avanzar? ¿Quién más?

¿Por qué es difícil aceptar que la autoridad no es suficiente?

Hay tres razones principales por las que nos resistimos a esta idea de que la autoridad no es suficiente para cerrar La Brecha:

1. Queremos que alguien venga a nuestro rescate.

2. Nos gusta culpar a las personas con autoridad por nuestros problemas.

3. Si tenemos aquel trabajo de alto mando, no queremos decepcionar a la gente.

Queremos creer que, si simplemente elegimos, nombramos o contratamos a la persona adecuada, todo se resolverá. Queremos creer que, si alguien con autoridad no resuelve un problema difícil, simplemente podemos despedir a esa persona y encontrar a alguien mejor para tomar su lugar. Y debido a que las personas quieren ser rescatadas, las personas en puestos de autoridad compran la idea de que resolver los desafíos adaptativos es su responsabilidad. Se engañan haciéndoles creer que pueden hacer el cambio por sí mismos. No quieren decepcionar a las personas que los contrataron o eligieron. Ciertamente no quieren perder sus trabajos.

Muchos han sido condicionados a pensar que debido a que se le paga más a la persona con autoridad, deben encontrar las respuestas. Eso podría ser suficiente para los problemas técnicos, pero para nuestros desafíos adaptativos más importantes, simplemente no funcionará. Para aquellos que no tienen autoridad, esto les agrega presión. Cuando usted se da cuenta de que los esfuerzos de su jefe (o de su alcalde, rabino o presidente de comité) no son suficientes, esto enfoca la atención en usted. Todos (no solo la persona con autoridad) tendrán que estirarse más allá de su zona de confort para aprovechar las oportunidades y ejercer el liderazgo.

HÁGALO REAL

Estimados Ed y Julia:

Soy médico con 30 años de experiencia en un hospital universitario. El conflicto entre los residentes de la escuela de medicina y las enfermeras de piso está amenazando la sólida reputación del hospital en la comunidad. Hay enfermeras que no confían en que los residentes sepan lo que están haciendo y por esa razón, supongo, no transmiten información importante a estos médicos jóvenes. El problema sigue empeorando. Ahora estamos luchando por reclutar nuevos estudiantes de medicina y enfermeras. Planeo hablar con la administración de enfermería y ver si pueden hacer que las enfermeras rindan cuentas para decirme lo que realmente está sucediendo. ¿Cómo uso mi autoridad para solucionar esto?

—Denis el doctor

Querido Denis:

Tenga paciencia. Usted está haciendo muchas cosas bien y un pequeño cambio de perspectiva le será de gran ayuda. ¿Podría realmente solucionar el problema si tuviera poder sobre las enfermeras? ¿Qué pasa si este es un desafío adaptativo que requiere el liderazgo de muchas más personas?

Toda la experiencia o el poder del mundo no es suficiente para arreglar esto. Vea La Brecha con esas enfermeras y trate de entender las cosas desde su punto de vista. Tal vez pueda comenzar a hablar sobre el liderazgo como una actividad. Haga preguntas abiertas y escuche realmente las respuestas. Anime a las enfermeras y a los residentes a arriesgarse a hablar directamente entre sí. Vea lo que sucede a medida que se compromete con una cultura donde todos lideran.

11

El liderazgo es arriesgado

Ejercer liderazgo en su desafío más difícil es como tener un boleto de ida en un transatlántico con destino a un país donde nunca ha estado. Los riesgos y la incertidumbre abundan.

La abuela de Julia, Gerolima, y su hijo de 10 años abordaron el SS Rex en Génova en 1937 y partieron hacia Cleveland, Ohio, para reunirse con su esposo por primera vez desde el nacimiento del niño. No sabía mucho sobre la vida a la que iba o cuáles serían los riesgos de la travesía. La pérdida, por otro lado, de personas y lugares que siempre había conocido, era palpable. Su esposo era un hombre joven cuando se fue a buscar trabajo a los Estados Unidos una década antes. Sus cartas trataban de describir la casa con estructura de madera en una calle llena de gente no lejos del centro de la ciudad. Pero Gerolima no podía comprender cuán diferente sería una ciudad de acero de los Grandes Lagos de la pequeña isla del Adriático que había sido su hogar y el de sus familias durante siglos. No podía saber qué aspectos de su nueva vida la emocionarían o la angustiarían, si los vecinos la aceptarían o la rechazarían, o si su hijo prosperaría. No podía saber cómo sería estar todos juntos después de diez dolorosos años separados. Sin embargo, a pesar de los riesgos, Gerolima abordó ese transatlántico y pasó una semana en mar abierto.

Al ejercer el liderazgo, no podemos estar seguros del resultado. Una vez que usted comienza a intervenir, a ejercer el liderazgo, no puede estar seguro exactamente de dónde vendrá el riesgo o cuándo aparecerá. Es por eso por lo que debe ser bueno para ver y administrar los riesgos asociados con el ejercicio del liderazgo en su desafío. La travesía termina si no lo hace. Nunca llega a tierra firme y las preocupaciones que le impulsaron en primer lugar permanecerán, o más probablemente, empeorarán.

Considere estos ejemplos:

- Una pequeña empresa adquirió un contrato de un año como proveedor de un gran fabricante. Si todo va bien en el primer año, la empresa puede esperar a renovar el contrato por varios años. Pero muchos en la pequeña empresa están tensos. La gerencia piensa que es un camino hacia el desastre si ponen en marcha el nuevo contrato sin interrumpir algún trabajo en otro lugar. Todos ya están llenos de trabajo. El riesgo es tratar de hacer demasiado y, por lo tanto, no hacer nada lo suficientemente bien. Pero, de nuevo, suspender algunos trabajos también tiene sus riesgos.

- A una organización que lucha por los derechos se le está dificultando porque nadie en su mesa directiva o personal tiene relaciones o conexiones con políticos que no se alinean automáticamente con sus puntos de vista. La organización ha permitido que una cultura de "perspectiva diferente = enemigo político" florezca sin control, en parte porque existen riesgos reales asociados con la construcción de relaciones entre diferentes sectores: ¿Qué pasa si los medios se enteran de que un miembro del personal participa en una conversación auténtica o, peor aún, es influenciado, solo un poco, por alguien del "otro lado"?

- Los miembros del ayuntamiento de la ciudad en una comunidad rural buscan hacer que el área sea más acogedora para los habitantes recién llegados, incluidos los de la gran ciudad. Pero esos funcionarios electos corren el riesgo de una reacción violenta (y ser expulsados de sus puestos) de los votantes cuyas familias han estado en la comunidad desde siempre y que creen que nada debería cambiar para acoger a los nuevos residentes. Desde la perspectiva de algunos lugareños, aquellos que se mudan a la ciudad pueden que "les guste o marcharse".

El progreso en nuestros desafíos más importantes siempre requiere dejar alguna cosa ir, una pérdida, para que podamos avanzar. En cualquier sistema en el que trabaje o sea voluntario, usted y otros han concretado formas de participar y funcionar que trabajan lo suficientemente bien como para realizar las tareas diarias y, al menos por ahora, mantener las luces encendidas y las puertas abiertas. Las personas tienen sus formas de hacer las cosas y se han acostumbrado a ellas.

Pero las hojas de un árbol deben morir y caer antes de crecer nuevamente en la primavera. Una quema controlada cada cierto año permite que el ecosistema de la pradera prospere.

El liderazgo es una actividad que implica movilizar a las personas para que dejen de lado los hábitos y normas que ya no les sirven. Esa manera de abandonar el pasado es incómoda.

La mayoría de la gente prefiere posponer las cosas difíciles e incómodas.

Entonces, por naturaleza, el liderazgo es arriesgado. Tratar de cambiar las cosas, incluso si el objetivo final es mejorar las cosas para todos, requiere voluntad y valentía.

Sin riesgo = sin liderazgo

Los políticos demuestran aversión al riesgo mejor que nadie. Y la forma en que sus seguidores reaccionan a su comportamiento es una demostración de por qué es tan difícil hacer cosas que pueden molestar a su propia gente. Un político habla a una multitud masiva de partidarios, levantando la voz cuando se burla airadamente de su oponente y del otro partido político. Su discurso conmueve los corazones y las mentes de sus fieles partidarios, su mensaje aterriza efectivamente en los puntos clave. El discurso termina en un punto culminante de pasión y la multitud estalla en aplausos. A la gente le encanta y premia al político en las urnas. Aunque la escena puede ser parte de hacer gran política, no es liderazgo. Nada de esa escena era arriesgado.

Arriesgado hubiera sido decirle a la multitud que ellos también son parte del problema y necesitan arreglar su parte del desastre.

Cualquiera sea su contexto, existe una alta probabilidad de que su equipo está contribuyendo de alguna manera al mayor desafío al que se ha enfrentado el grupo. Tal vez aquellas personas más cercanas a usted no están haciendo los cambios necesarios o se niegan a renunciar a las normas que se interponen en el camino del progreso. Señalar eso es arriesgado. Seguir señalándolo es más arriesgado. Tratar de conseguir que su propia gente aborde su parte del reto conlleva algún peligro que debe tener en cuenta.

¿Por qué no somos más los que absorbemos y asumimos los riesgos necesarios asociados con el ejercicio del liderazgo? Hay tres razones comunes:

1. **Nuestro propósito no es lo suficientemente claro.** A veces no hemos hecho lo suficiente para definir nuestro desafío de liderazgo. Por lo tanto, la idea de arriesgar cualquier cosa para cerrar La Brecha entre la realidad actual y nuestras aspiraciones parece temeraria. Así que no actuamos.

2. **Exageramos los riesgos.** A menudo nos convencemos de que los riesgos necesarios podrían amenazar nuestro sustento, reputación, pertenencia a una comunidad, incluso nuestra identidad. Pero los riesgos reales suelen ser menos graves. Están más relacionados con el orgullo y el ego. No actuamos por temor a debilitar nuestro sentido de confianza y competencia, o nuestro sentido de seguridad sobre nuestro valor y lugar en el grupo.

3. **Hemos tomado riesgos antes y no nos salió bien.** Si este es su caso, anímese. La mentalidad que este libro le ayudará a desarrollar, la inspiración para contribuir en grupos donde todos lideran y las nuevas habilidades que pueda desarrollar para apoyar su liderazgo, le servirán para el futuro.

¿Cuánto riesgo es demasiado?

No le estamos diciendo que lo arriesgue todo. Por supuesto, un político que elige alejarse de un modelo de liderazgo de héroe conquistador podría prepararse para una campaña de reelección desafiante. Pero la mayoría de nosotros no tenemos que poner en riesgo nuestro sustento o relaciones importantes cuando elegimos adoptar un enfoque diferente del liderazgo en un desafío difícil.

No querrá encontrarse allá afuera, incapaz de tener un impacto en nada en absoluto. Así que no se permita representar algo que la gente preferiría no enfrentar y no se arriesgue tanto a convertirse en el símbolo del cambio al que la gente se resiste. Si lo hace, las personas pueden enfocar su frustración en usted.

Por ejemplo, imagine que usted es el hermano que sigue planteando la necesidad de reconciliarse con una hermana que se ha vuelto distante. Si otros miembros de la familia se sienten perfectamente cómodos con no ver a esa hermana, no solo se resistirán a la reconciliación, sino que pueden comenzar a resistirse a usted porque representa un problema con el que no quieren lidiar.

Pero, con un poco de atención, puede navegar y mitigar los riesgos que conlleva el liderazgo. Aquí hay un conjunto de consejos rápidos para limitar sus riesgos:

- Acelere sus esfuerzos. Decepcione a su propia gente a un ritmo que puedan manejar.

- Sea tan consistente y confiable como pueda. No altere por completo las expectativas de las personas clave sobre usted.

- Pruebe sus experimentos de liderazgo uno a la vez y aprenda de cada uno.

- Escuche comentarios de mentores y amigos de confianza sobre sus posibles intervenciones antes de probarlas.

- Asuma primero (y a menudo) su rol en el problema. Solo después de hacerlo usted debe empujar a las personas a considerar su rol en el problema.

- Sugiera regularmente cambios incrementales y evolutivos. Guarde el gran cambio para aquellos momentos clave cuando el sistema está maduro.

- No plantee plazos fantasiosamente cortos o agotadoramente largos para el progreso hacia desafíos arraigados. Más bien, busque algunas victorias rápidas mientras prepara a las personas a participar en el desafío durante un largo tiempo.

- Anime a las personas a querer tomar acción incluso mientras las alienta a pasar más tiempo en el diagnóstico.

- No le diga a la gente que están equivocados. Más bien, sugiera que podrían necesitar considerar múltiples perspectivas e interpretaciones.

El riesgo se verá diferente dependiendo de dónde se encuentre en una organización. Para un nuevo empleado que está comenzando su carrera, puede parecer arriesgado incluso hacer una pregunta en una reunión frente a toda la empresa. Para un alto ejecutivo experimentado, puede parecer arriesgado cambiar las cosas porque, después de todo, la forma actual de trabajar impulsó su éxito. Si usted es parte de la gerencia media, el riesgo podría ser tomar decisiones que no está seguro de que tiene autorización para tomar.

Entrar en el juego de resolver nuestros problemas más difíciles se vuelve menos arriesgado cuando todos lideran.

Las cosas que se sienten arriesgadas (hablar en una reunión, proponer un nuevo camino a seguir, desafiar la interpretación predominante de por qué las cosas son como son, etc.) se vuelven menos riesgosas cuanto más se convierten en la norma. Ese es el poder cuando todos lideran. La cultura de una organización, empresa o comunidad cambia y se vuelve más tolerante con las acciones necesarias para el cambio y el progreso.

HÁGALO REAL

Estimados Ed y Julia:

Gracias por la lista de lo que se debe y no se debe hacer. Quiero ser valiente pero inteligente. ¿Qué más puedo hacer para asegurarme de no tomar riesgos inútiles?

—Nadir que no está listo para arriesgarlo todo

Querido Nadir:

Si observa a las personas que son más efectivas para abordar problemas difíciles, notará que tienen habilidades de liderazgo que les permiten minimizar o hasta eliminar el riesgo. Aprendieron esas habilidades en algún lugar y las practican todos los días. Usted puede hacer lo mismo. Rodéese de personas que entienden la naturaleza de los desafíos adaptativos, observe cómo intervienen y úselos como modelos para ejercer un liderazgo que sea menos arriesgado. Cuanto más practique, menos arriesgado se vuelve el liderazgo.

Parte tres

Comience con usted

quí está finalmente. Su desafío es difícil. Tiene todas las características de un desafío adaptativo. Usted ha lidiado con los problemas técnicos. Ahora, ¿qué hacer?

Si es como la mayoría de las personas, cae en la trampa de la solución rápida: le arroja algo de experiencia y espera que se solucione. O lanza una moneda al aire y reza para que uno de sus superiores tenga la solución mágica.

Si usted es de esas personas que lanza la moneda al aire, tal vez sienta esa presión. Quiere hacer milagros. Tal vez se quede despierto toda la noche redactando un plan. Puntea cada "i" y cruza cada "t". Crea una línea de tiempo y asigna nombres a las tareas. Corre a la oficina a la mañana siguiente y comienza a delegar. O reúne a los voluntarios esa noche y comienza a asignar.

¡Espere! ¡Espere!

Este es un desafío adaptativo, ¿recuerda? Las correcciones técnicas no funcionarán. Al menos no por mucho tiempo. Incluso el gerente general o el presidente de la mesa directiva no pueden delegar su salida de este. Nadie cierra La Brecha con un salto heroico.

Pero alguien tiene que empezar. Alguien tiene que tratar de ejercer el liderazgo. También puede ser que sea usted. Vea al desafío por lo que es: complejo y adaptativo. Si espera que otros ejerzan el liderazgo, tiene que estar dispuesto a hacerlo usted mismo. Hay que ensuciarse las manos.

Si desea ver más liderazgo en su empresa, organización, vecindario, comunidad o país, debe hacer su parte. Eliminará las barreras y progresará más en sus desafíos más difíciles cuando haga estas cinco cosas:

1. **Comience a autorizarse a sí mismo para liderar.** Empodérese para ejercer el liderazgo. Es el único que ve lo que ve y sabe lo que sabe. Úselo. No espere a que alguien más lo vea. Aproveche el momento para liderar.

2. **Comience con el desafío.** Olvídese de los viejos modelos de liderazgo. Coloque al reto adaptativo en el centro de su trabajo.

3. **Comience donde tenga influencia.** Lidere donde está y donde puede hacer la diferencia. No se preocupe si parece poco o si no está seguro de si hará alguna diferencia.

4. **Comience con su rol en el problema.** Concéntrese en su contribución a la situación: lo bueno, lo malo y lo intermedio.

5. **Comience a involucrar a los demás.** El liderazgo es trabajo en grupo. No vuele solo.

12

Comience a darse permiso a sí mismo para liderar

Si usted es el presidente de su compañía, gerente intermedio, alcalde, gobernador, empleado de primera línea, colaborador independiente, miembro de la comunidad o alguien similar, autorizarse a ejercer el liderazgo significa decidir hacer algo más allá de lo que esperan de usted.

Este capítulo explora cómo se ve esta auto-autorización, cómo hacerlo, qué la hace difícil y por qué es necesaria.

Nuestras organizaciones, comunidades y empresas se mantienen unidas por jerarquías formales e informales. Algunas de estas son visibles. Podemos ver el organigrama de la empresa. Podemos visitar el sitio web de la ciudad y ver quién presta un servicio en el ayuntamiento. Algunos son invisibles. El gerente intermedio que ha estado ahí durante 20 años y ha desarrollado profundas relaciones arriba, abajo y en toda la compañía y probablemente tenga tanto o más poder que el nuevo miembro del equipo ejecutivo.

Aquí hay otra forma de pensar al respecto. Lo que se espera de usted es como un círculo. Puede incluir en él expectativas formales, como una descripción de trabajo, o expectativas informales, en base a normas para personas en su posición. En el círculo están las cosas que usted ha sido autorizado a hacer.

Ejercer el liderazgo lo lleva fuera del círculo, fuera de lo que se espera de usted o lo que está autorizado a hacer. Así es como se ve en la vida real:

- Se espera que los estudiantes vayan a clase, hagan la tarea y sigan las reglas. Esas cosas están dentro del círculo. Cuando una estudiante desafía el código de vestimenta, creyendo que trata a algunos estudiantes y sus normas culturales de forma injusta, ella está fuera del círculo. Tuvo que autorizarse a sí misma para llegar allí. Nadie le iba a dar autorización para intervenir de esta manera.

- Se espera que un miembro electo del congreso siga la línea del partido, dé discursos utilizando los puntos de discusión del partido, vote con los miembros del partido y recaude dinero para el partido. Esas cosas están dentro del círculo. Cuando ese miembro del congreso trabaja con la oposición en un proyecto de ley, creyendo que es necesario para el progreso, ellos están fuera del círculo. Tuvieron que autorizarse a sí mismos para llegar allí. Quienes los autorizaron (los votantes leales del partido que los pusieron en el cargo) no van a querer que intervenga así.

- Después de sólo unos meses en la mesa directiva de una organización sin fines de lucro de tamaño mediano, un nuevo miembro entiende que se espera que la mesa directiva recaude fondos y realice más actividades. Los miembros de la mesa directiva no se involucran con la estrategia o los programas. En una reunión de la mesa directiva, todas las cabezas giran cuando el nuevo miembro pregunta: "¿Qué datos muestran que esta iniciativa está ayudando a lograr nuestra misión?" Después de un silencio atónito, otros miembros de la mesa directiva admiten que tienen dudas sobre el impacto del programa. Hacer preguntas provocadoras no era parte de sus responsabilidades declaradas. Nadie lo iba a alentar. Tuvo que darse permiso.

Usted tiene que darse permiso

El liderazgo es una actividad de auto-autorización. Nadie más puede darle permiso a liderar. Otras personas pueden decirle que quieren que lidere. Pueden ponerle en lo que ellos llaman un "puesto de liderazgo" (lo que llamamos un *puesto de autoridad*). Pero sólo usted puede tomar la decisión intencional de tratar de ejercer el liderazgo.

La idea de que el liderazgo debe ser auto autorizado es más fácil de comprender cuando separa el liderazgo de un puesto y entiende que el liderazgo es una actividad. Como cualquier acción, comportamiento o actividad, la persona debe tomar la decisión de hacerlo. Por ejemplo:

- Una nueva empleada se da cuenta de que el liderazgo para ella parece ser intervenir para ayudar a enfocar la discusión. Ella decide que depende de ella hacer preguntas difíciles en la reunión del personal para que todos se concentren en aquello que es importante, pero que nadie quiere abordar en la sala.

- Un gerente con experiencia de un departamento se da cuenta que el liderazgo para él es el no responder a todas las preguntas de su personal. En cambio, guarda las respuestas y les pide ideas, creando espacio para que sus empleados descubran soluciones, muchas de las cuales resultan mejores que las suyas. (A esto le llamamos "devolver el trabajo" y puede leer más sobre esto en *Comienza Contigo*).

- Un miembro de la comunidad, frustrado por los niveles poco favorables de polarización en la ciudad, se da cuenta de que el liderazgo para ellos se parece a modelar el tipo de comunicación que quieren ver más. Deciden invitar a miembros de la comunidad con puntos de vista opuestos a conversaciones en las que se conocen y buscan puntos en común.

- La directora ejecutiva regional de Hábitat for Humanity se da cuenta de que los que toman las decisiones y las grandes financiadoras en su ciudad tienen poca comprensión del impacto que las políticas gubernamentales de la década de los 1940s (conocidas como *redlining*) tuvo en las familias afroamericanas de hoy; estas políticas impidieron que sus padres, abuelos y bisabuelos obtuvieran préstamos hipotecarios. Ella comienza a invitar una por una a personas con influencia a recorridos casuales pero provocadores por los vecindarios de la ciudad.

Rara vez lideramos por accidente. Casi siempre es una elección consciente. Esto comienza con la decisión de que no solo puede liderar, sino que, para progresar, debe liderar. Tiene que poner de su parte.

Aquí hay cuatro razones por las que no nos damos permiso para liderar:

- **Nos preocupa que hagamos algo mal y sufrir las consecuencias.** Puede hacer una pregunta provocadora, pero luego ser castigado por poner a otros en su lugar. Puede sentirse más seguro quedándose al margen y dejar el trabajo duro de liderar a los demás.

- **La visión dominante del liderazgo como un puesto nos mantiene estancados.** Todos los demás buscan a la autoridad para resolver los problemas y liderar el camino. Nos damos cuenta, consciente o inconscientemente, de que darnos permiso a nosotros mismos para liderar, especialmente si no tenemos autoridad, va en contra de la norma. Ya sea que lo admitamos o no, a la mayoría de nosotros nos gusta hacer lo que se espera que hagamos.

- **¡Ya tenemos demasiado en qué pensar!** Ser alguien que ejerce el liderazgo significa que estará enfocado en más de lo que se esperaba de usted. Hay que estar más alerta y considerar más perspectivas. Al final, su mayor curiosidad hará que el progreso en su desafío sea más fácil, más rápido y exitoso. Pero en este momento puede ser más simple mantener la cabeza baja y concentrarse en lo que ya está en su plato.

- **Perdemos la oportunidad de liderar.** Si no puede ver la oportunidad de liderar, será realmente difícil permitirse a usted mismo hacerlo.

Qué sucede cuando se da permiso a sí mismo para liderar

Cuando se autoriza a liderar, los beneficios son personales e inmediatos:

- **Se siente más comprometido con su trabajo, más satisfecho y empoderado.** Nuestra investigación muestra que los empleados que se autorizan a sí mismos a liderar, independientemente de sus puestos de trabajo, se sienten más comprometidos con sus organizaciones, más esperanzados en el futuro de sus organizaciones y más satisfechos con sus trabajos.

- **Ya no espera que le den permiso para mejorar las cosas.** Usted inicia el cambio en lugar de esperar a que alguien con un puesto más alto se lo diga. Hace preguntas difíciles pero importantes a sus compañeros y a sus superiores.

- **Se empodera a sí mismo para marcar la diferencia dondequiera que va.** La idea de que el liderazgo es una actividad no tiene límites. Lo que practica en el trabajo o como voluntario comunitario lo convierte en un mejor amigo, padre o vecino.

- **Usted se convierte en parte de la solución.** No hay duda de que su organización o comunidad está lidiando con múltiples desafíos. Cuando esos desafíos son adaptativos, la autoridad no es suficiente. Las personas en los puestos más altos no pueden por sí solas arreglar lo que es realmente más importante, ni pueden llegar al núcleo de lo que es necesario cambiar sin involucrarlo a usted. Una dirección clara y una buena gestión no son suficientes para cerrar La Brecha. Usted tiene un papel por desempeñar en lo que sucederá después.

También sabemos por nuestra investigación que cuando las empresas y organizaciones emplean un gran número de personas que se autorizan a sí mismas a liderar, crean culturas que valoran escuchar, la comunicación abierta y la colaboración. Entonces, aunque tener un sentido personal del significado y el compromiso es excelente, lo más importante al autorizarse a uno mismo a ejercer más liderazgo es contribuir a una cultura que sea más efectiva para abordar los problemas más difíciles.

Si solo unas pocas personas en su sistema sienten responsabilidad de ejercer liderazgo, nada importante mejorará de manera apreciable. Se mantendrá la tasa de progreso actual (insatisfactoria) en sus desafíos adaptativos. Sin embargo, su organización alcanzará niveles poco comunes de éxito cuantas más personas se autoricen a sí mismas a ejercer liderazgo en sus desafíos más importantes.

HÁGALO REAL

Estimados Ed y Julia:

Llevo tres años en la empresa. Tenemos alrededor de 30 empleados. Me he forjado una reputación de trabajar duro y he recibido un ascenso. Siempre digo "sí" con entusiasmo cada vez que un ejecutivo me pide ayuda. Tengo éxito con los proyectos que se me asignan, pero anhelo tener más impacto. ¿Cómo puedo ejercer el liderazgo en esta situación?

Gracias

—Lizzie anhelando liderar

Lizzie:

Parece que usted está haciendo lo correcto ¡Bien hecho!

Aquí está nuestro consejo:

1. Tenga claro cuáles son los mayores desafíos que enfrenta la empresa.

2. Hable sobre esos desafíos con los demás. Pida su opinión. Ayúdelos a ver esos desafíos.

3. A medida que aprenda más sobre los desafíos, busque lugares donde pueda (sin que nadie le pregunte / autorice) hacer una diferencia. Por ejemplo, si la empresa está luchando por conectarse con consumidores más jóvenes, escriba un documento de reflexión sobre su análisis del por qué.

Sí, podría ser más seguro esperar hasta que alguien en un puesto más arriba le pida que escriba un documento de este tipo, pero de nuevo, está buscando formas de ejercer el liderazgo, lo que, como ya sabe, significa darse permiso a usted misma.

4. Salir del círculo de su autoridad podría atraer la atención de alguien por encima de usted que está buscando algo más que un entusiasta "sí". Demostrar que es una persona emprendedora que puede pensar críticamente sobre el futuro de su empresa puede conducir a nuevas oportunidades.

13

Comience con su desafío de liderazgo

Cuando un amigo le dice que está abriendo un restaurante, una imagen clara le viene a la mente. Ha estado en restaurantes, por supuesto, y observa de inmediato que su amigo necesitará contratar a un chef, crear un menú, remodelar el edificio con cocina y comedor, contratar servidores, etc. Tiene un modelo ya en mente. No tiene que pensar en ello.

Es lo mismo para los modelos mentales sobre ideas menos concretas. Hemos tenido experiencias y hemos escuchado historias, por lo que entendemos conceptos como el espíritu deportivo, la religión, los viajes por el mundo o una nueva maternidad.

Ocasionalmente, un modelo mental evoluciona. Hasta principios del 1900, por ejemplo, el modelo mental para una calle concurrida era una esquina del centro llena de caballos, carros y carruajes. Los modelos mentales más abstractos también evolucionan. Durante miles de años, el modelo mental del matrimonio era una relación legal entre un hombre y una mujer. Ahora, en algunas culturas, el modelo mental emergente para el matrimonio es una relación de compromiso entre dos personas, independientemente del género de cada una.

Estamos impulsando un nuevo modelo mental para el liderazgo. En el viejo modelo, cuando alguien decía la palabra *liderazgo,* nuestras mentes miraban a una persona que dirigía con confianza el camino a seguir, diciéndoles a otros qué hacer para resolver sus mayores desafíos. En otras palabras, nuestras mentes se dirigían hacia una persona.

Pero ahora sabemos que el viejo modelo centrado en la persona no resuelve los grandes y complicados problemas del siglo veintiuno.

Coloque al reto en el centro

En lugar de *centrarnos en la persona,* tenemos que cambiar a *centrarnos en el desafío.* Necesitamos que varias personas, que representan diferentes antecedentes y perspectivas, centren su atención en un desafío de liderazgo.

Modelo centrado en la persona	Modelo centrado en el desafío
El liderazgo es un puesto.	*El liderazgo es una actividad.*
La persona con autoridad establece las metas y ejerce el liderazgo.	*Todos tienen el poder de ver y aprovechar las oportunidades para liderar.*
Los subordinados se enfocan y toman la dirección del "líder".	*Todos se enfocan en el mismo desafío de liderazgo.*

¿Por qué es difícil ir más allá del modelo centrado en una persona?

Varias cosas hacen que sea difícil poner el viejo modelo centrado en una persona en nuestro espejo retrovisor colectivo:

- **Forma parte de nuestro idioma.** La palabra *líder* se usa con mayor frecuencia para referirse a una persona con autoridad.

- **Sirve a los intereses de aquellos que ya tienen poder.** Es un privilegio dirigir a otras personas. Es divertido tener poder. Ese privilegio y poder pueden ser adictivos. Para algunas personas en puestos de autoridad, cambiar hacia un modelo centrado en el desafío puede parecer como una gran pérdida de control e incluso de estatus.

- **Es posible que las personas en los mejores puestos no quieran admitir que no tienen las respuestas.** Es tentador para aquellos en autoridad convencerse a sí mismos (y luego a otros) de que debido a que han trabajado duro para llegar a donde están, saben la mejor manera de avanzar.

- **La idea se ve reforzada por la mayoría de "capacitaciones de liderazgo".** La mayoría de las capacitaciones de liderazgo están diseñadas para un número limitado de personas que ya están en o están destinadas a tener roles de autoridad. La exclusividad de estos programas contribuye a la suposición de que el liderazgo es para unos pocos, no para muchos.

La mayoría de los programas de desarrollo de liderazgo respaldan el viejo modelo centrado en la persona. Si usted es un participante en uno de esos entrenamientos, el contenido (incluyendo múltiples evaluaciones de personalidad) es sobre usted. Las discusiones son sobre su visión, sus fortalezas como persona. La hipótesis que funciona es algo como esto: será un mejor líder cuando sepa más sobre usted mismo y pueda usar sus fortalezas para motivar a otras personas a abordar los problemas que a usted (y a veces a ellos) más les conciernen.

Todos estamos a favor del ejercicio de conocerse a uno mismo y de tener una visión personal. Pero el liderazgo es más que eso. (Y conocemos a muchas personas que son visionarios conscientes de sí mismos pero que no pueden o no quieren ejercer el liderazgo).

Este viejo modelo es popular porque a la mayoría de nosotros nos encanta hablar y aprender sobre nosotros mismos. Nos hemos beneficiado de las oportunidades que ofrecen estos programas de liderazgo del modelo antiguo para construir relaciones entre un grupo de élite de personas de alto rendimiento. También nos han ayudado a tener claro el propósito y nuestros valores. Esto es útil. Pero hay poca evidencia de que estos programas de liderazgo del viejo modelo desarrollen la capacidad para movilizar a *otros* para progresar en los desafíos más importantes.

Coloque su desafío de liderazgo en el centro

Durante los últimos 15 años hemos sido pioneros en un nuevo modelo que gira en torno a un desafío de liderazgo en lugar de un individuo. Pedimos a nuestros participantes que describan su desafío de liderazgo por escrito antes de venir a KLC. Ofrecemos indicaciones como estas:

- Piense en un área de su trabajo o vida comunitaria en la que aspire a mejorar las cosas.

- ¿Cuál es el cambio que quiere ver? ¿Cómo se imagina el éxito?

- ¿Cuál es el trasfondo del problema, la oportunidad o el desafío?

- Describa a los protagonistas, eventos clave, decisiones críticas pasadas, etc.

- ¿Por qué es importante para usted este desafío de liderazgo?

- ¿Qué medidas ha tomado hasta ahora?

- ¿Qué acciones adicionales ha considerado?

- ¿De qué manera está estancado o confundido?

A lo largo de los años hemos revisado más de 10,000 desafíos de liderazgo. En nuestros programas, entrenamos a cada persona para que sea lo más clara posible sobre su desafío.

Saber *cuál* es el desafío y *por qué* el progreso es importante hace que sea más fácil involucrar a otras personas.

Articular claramente su desafío de liderazgo es similar a planificar una caminata por el sendero de una montaña rocosa para disfrutar de una vista gloriosa. Considera las experiencias pasadas, empaca para el clima, planea la ruta y anticipa peligros en el camino. Traza la aventura en su teléfono inteligente, sabiendo que cuando se encuentre con una mala racha, es la imagen de la vista desde la cumbre lo que le evitará rendirse y darse la vuelta. Es lo mismo con el liderazgo centrado en el desafío. Nadie lograría perseverar durante el tiempo suficiente para cerrar La Brecha si no tuviera un propósito importante y una imagen vívida del éxito en mente.

¿Qué sucede cuando adoptamos un modelo de liderazgo centrado en el desafío?

Cinco cosas importantes (y energizantes) suceden cuando abordamos un problema desalentador de esta manera:

1. **Inmediatamente vemos por qué el liderazgo es difícil.** A medida que articula su desafío y considere preguntas como: "¿Quiénes son los protagonistas?" y "¿Dónde se siente estancado?", entenderá que la mayoría de las barreras que describimos en la Segunda Parte están en juego con su desafío de liderazgo: no hay una solución rápida, la autoridad no es suficiente, hay valores involucrados y necesitará energizar a muchas otras personas si desea hacer un cambio duradero.

2. **Tenemos claro cómo se ve el progreso.** Al colocar al desafío en el centro, cambiamos la forma en que evaluamos los intentos de liderazgo. Con el antiguo modelo centrado en la persona, juzgamos y cuestionamos a la persona a cargo. Con el modelo del desafío en el centro, evaluamos si el grupo ha progresado. Fijamos un estándar para nosotros mismos tan alto como para cualquier otra persona.

3. **Reconocemos los límites de nuestra propia autoridad.** En el viejo modelo, si soy la persona que está a cargo, es fácil engañarme a mí misma para creer que tengo (o debería tener) todo el poder necesario para que la gente se mueva en la misma dirección. Colocar al desafío en el centro es como bajar de las nubes. Se vuelve fácil ver que, como una persona con autoridad, un gran enfoque de mi trabajo debe ser energizar y apoyar a otras personas para que hagan su parte.

4. **Es más probable que compartamos la carga.** Colocar al desafío en el centro nos hace cuestionar el mantra "Para hacerlo bien, tengo que hacerlo yo mismo". Cuando el trabajo es adaptativo, no importa cuán talentoso o conocedor sea. No puede hacer todo el trabajo. Algunos de sus primeros actos de liderazgo serán entender si otras personas se preocupan tanto por este desafío en particular como usted.

5. **Ponemos lo primero en primer lugar.** Cuando un desafío ancla nuestro pensamiento, nuestras prioridades cambian. Definimos el éxito en función del progreso en el gran desafío en lugar de en la cantidad de cosas que podemos marcar "listo" en nuestra lista de tareas pendientes.

Su desafío de liderazgo se convierte en un propósito orientador, una Estrella del Norte para sus esfuerzos de liderazgo. Estos son solo algunos ejemplos de los desafíos que los individuos y los grupos aportan a los programas de desarrollo de liderazgo centrados en los desafíos de KLC.

- Los administradores de una mediana ciudad se centran en el desafío de liderazgo de estimular el crecimiento del empleo local a través del espíritu empresarial.

- Una empresa de arrendamiento de equipos se centra en el desafío de liderazgo de expandirse hacia un nuevo territorio.

- Un director en el departamento de correccionales se centra en el desafío de liderazgo de construir credibilidad para el campo para que los empleados disfruten del mismo respeto, salario y beneficios que los oficiales en otras partes del sistema de justicia penal.

- El director ejecutivo de una agencia de servicios sociales se centra en el desafío de liderazgo de eliminar la trata de personas en la comunidad.

- Un ingeniero de una empresa de manufactura se centra en el desafío de liderazgo de construir un equipo cohesivo después de una fusión que combina personas de dos culturas muy diferentes.

- Una cámara de comercio se centra en el desafío de liderazgo de reurbarnizar el centro de la ciudad para hacerlo más atractivo para las generaciones más jóvenes.

Estas situaciones son diferentes, pero cada desafío es adaptativo. Cada uno requiere el liderazgo de muchos, no de unos pocos.

Vaya en la misma dirección, pero de manera diferente

Cerramos La Brecha cuando suficientes personas colocan al mismo desafío de liderazgo en el centro de su trabajo. Ese es un enfoque muy diferente al viejo modelo que alienta a las personas a seguir a un "líder" en su marcha hacia una meta predeterminada por esa persona. Centrarse en un desafío de liderazgo común permite a todos ver y aprovechar sus oportunidades para liderar. Si bien necesitamos un enfoque común—el desafío del liderazgo—no queremos uniformidad o conformidad de acción. El trabajo adaptativo prospera en la diversidad.

La tía de Ed, Kathleen, era una monja de Loreto que pasó su vida al servicio de los demás. En su funeral, una amiga la describió de esta manera: "Ella nos animó a no conformarnos, pero nos inspiró a dirigirnos en la misma dirección, de manera diferente". Reflexionemos sobre esa declaración por un momento y apliquémosla a nuestro modelo de liderazgo centrado en el desafío:

"Ella nos alentó a no conformarnos . . . ", la uniformidad no cerrará La Brecha. Ajustarse a un solo enfoque o a los deseos de la persona con autoridad, no es suficiente para progresar en nuestro desafío más importante.

"... pero nos inspiró a dirigirnos en la misma dirección ..." Para nosotros eso significa definir el desafío del liderazgo para que muchas personas puedan encontrar su lugar único en el trabajo. Cuando la dirección de orientación es lo suficientemente amplia como para que las personas puedan hacer que el propósito se vuelva personal, es más probable que presten atención al llamado del liderazgo.

"... de manera diferente". Lo que le importa lo suficiente como para ponerlo en el centro no es un problema simple. No hay una solución única. La diversidad de pensamiento y acción es fundamental.

HÁGALO REAL

Estimados Ed y Julia:

Llevo dos meses en mi nuevo trabajo como presidente de una universidad comunitaria. Soy la cuarta persona en ocupar este cargo en los últimos tres años y tengo algunos problemas importantes con los cuales lidiar. Necesitamos pasar de la desconfianza y la falta de transparencia a ser ágiles, conectados y con una visión hacia el futuro. Competimos por los estudiantes con otras universidades de la región y nuestros números de retención son sombríos. Sería más fácil si pensara que el viejo modelo de liderazgo funciona. ¡Pero no es así! Su modelo de liderazgo centrado en el desafío me da esperanzas de que puedo trabajar con los administradores de la universidad y mi equipo ejecutivo para cambiar las cosas. Pero tengo que admitir que no sé por dónde empezar. ¡Ayuda!

—Gabriela consiguió el trabajo (y ahora tiene que cumplir)

Gabriela:

Usted lo dijo: el desafío principal es la retención de estudiantes. (Porque sin estudiantes no hay universidad, ¿verdad?) Ese es un propósito grande, amplio y lo suficientemente importante para que todos, desde los administradores universitarios hasta los profesores de primer año, encuentren oportunidades únicas para experimentar y ejercer el liderazgo.

Nombrar el desafío de liderazgo y centrar la atención en él es su trabajo como autoridad. Mientras escucha las preocupaciones y aspiraciones de otras personas, no dude en decirles que, para usted, el desafío más importante es la retención de estudiantes. Necesita que su universidad enfoque sus esfuerzos de liderazgo en ese desafío.

Mantenga la retención de estudiantes en el centro de su pensamiento. Fíjelo en sus reuniones y discusiones. Deje en claro que su liderazgo y el liderazgo de los demás, será evaluado con el progreso de este desafío.

14

Comience donde tiene influencia

Cuando pensamos en problemas difíciles, a menudo nos enfocamos en lo que esas personas allí, detrás de ese árbol o en el siguiente edificio, necesitan hacer. Dejamos que nuestra propia gente (las personas que piensan como nosotros, valoran lo que valoramos y tienen la misma orientación general que nosotros a un problema) se desenganche.

El progreso en nuestros desafíos más importantes requerirá que algunos de nosotros nos involucremos con personas que no conocemos y que tienen experiencias y antecedentes muy diferentes a los nuestros. Pero la mayoría de nosotros podemos influir en el progreso liderando dentro de nuestra esfera de influencia ya existente: entre nuestros amigos, compañeros y colegas.

Cualquiera puede liderar, aunque el liderazgo puede parecer diferente visto desde diferentes perspectivas.

Nuestra colega Kaye Monk-Morgan se mostró escéptica al principio sobre el principio de que "cualquiera puede liderar, en cualquier momento y en cualquier lugar". Aunque Kaye había sido entrenada en nuestro esquema y estaba utilizando muchas de sus herramientas en su trabajo como administradora universitaria, se había convencido a sí misma de que, como la persona más joven del equipo ejecutivo y la única mujer Afroamericana, tenía poca influencia sobre las decisiones y ninguna capacidad para ejercer el liderazgo.

Pero, ella sentía pasión (¡y la sigue sintiendo!) por la misión de la universidad y especialmente por los estudiantes que, como ella, fueron los primeros en su familia en ir a la universidad. Sentía que no tenía influencia con todo el equipo, pero la llamaron a hacer algo, a compartir de alguna forma sus ideas y perspectivas alternativas. Ella tomó la iniciativa de interactuar con su supervisor en privado sobre lo que estaba sintiendo y descubrió que él estaba de acuerdo con su evaluación de lo que estaba sucediendo. Acordaron aliarse para asegurarse de que sus ideas tuvieran tiempo de ser escuchadas y él comenzó a hacer una práctica de amplificar sus contribuciones en reuniones donde, como era de esperarse, rápidamente ganaron tracción con el resto del equipo.

Aun así, Kaye tuvo dificultades para llamar *liderazgo* a lo que estaba haciendo. Solo después de que su madre interviniera, la propia opinión de Kaye sobre el liderazgo como una actividad disponible para todos, incluyendo a una mujer afroamericana en un equipo ejecutivo que de otro modo hubiese sido totalmente blanco y en su mayoría masculino, comenzó a cambiar.

"Cariño", le dijo la madre de Kaye mientras hablaban por teléfono, recapitulando después de otro día agotador en el trabajo, "Estabas buscando liderazgo de una manera particular.

Nadie te dijo cómo iba a aparecer. Tú fuiste capaz de provocar a tu supervisor para que hiciera algo diferente como resultado de tu solicitud. ¿Cómo es que eso no es liderazgo?"

Si no tiene un título, aún puede usar su influencia

Aceptar que el liderazgo se trata de ver y aprovechar las oportunidades para movilizar a los demás, es un cambio de paradigma masivo para la mayoría de las personas. Democratiza el liderazgo, poniéndolo a disposición de muchos en lugar de unos pocos seleccionados. Rompe la mitología de un "gran líder" y la reemplaza con un esquema accesible para avanzar en desafíos importantes.

Aquí hay algunos ejemplos:

- Una compañía emprendedora que alguna vez se sintió orgullosa ha perdido su magia. La innovación es poca y el gerente general está distraído, pero la directora ejecutiva aún puede hacer su parte creando una cultura empresarial en su departamento. Ella no tiene autoridad sobre toda la compañía, pero sí sobre algunas cosas.

- El estancamiento partidista puede haber superado a la nación, pero un individuo aún puede comunicarse con alguien en su comunidad que vota regularmente por el partido contrario. Los dos pueden decidir intercambiar historias y buscar valores comunes.

- A pesar de la capacitación del personal y de las asambleas escolares generales organizadas por el director, un colegio todavía experimenta más y más acoso escolar. Un joven estudiante no puede influir en todo lo que ocurre en la escuela, pero puede alzar la voz cuando uno de sus amigos maltrata a un compañero de clase.

- Una cajera de un banco que quiere mantener abierta la sucursal local en un vecindario de bajos ingresos puede imaginar tres explicaciones diferentes de por qué hay menos clientes sin cita previa en la sucursal desde hace 12 meses atrás. Luego, puede compartir sus observaciones y posibles explicaciones con su supervisor y preguntarle si ha notado algo similar.

- El director ejecutivo de una empresa global, perdido en el mar de directores y apasionado por los esfuerzos de su empresa para superar la falta de inclusión y diversidad, puede hablar con sus amigos del trabajo quienes tienen varias perspectivas sobre el tema. Puede prepararse silenciosamente para una conversación con su supervisor y con suerte, después de eso, con su equipo.

Históricamente, nuestro ejemplo favorito de "comience donde tiene influencia" es Rosa Parks, quien, en Montgomery, Alabama, en 1955, se negó a dar su asiento de autobús a un pasajero blanco y cuya influencia alimentó un movimiento de derechos civiles y condujo al Voting Rights Act (Ley de Derecho al Voto) de 1965. Rosa Parks entendió que todos, incluso aquellos sin autoridad o puesto formal, tienen la responsabilidad de aprovechar su oportunidad para liderar.

Nadie lidera en todas partes, por lo que necesitamos que todos lideren en algún lugar

Es posible que no pueda hacer todo, pero puede hacer algo. Y aquí está lo que pasa con los desafíos profundos, desalentadores y adaptativos: Nadie puede hacerse cargo de todo el liderazgo por sí solo. Ninguna esfera de influencia puede llegar a todos. Los desafíos adaptativos no pueden resolverse por una persona y ciertamente no por una sola persona con autoridad. Los desafíos grandes y complejos, los realmente importantes, se resuelven cuando suficientes personas dan un paso adelante, asumen riesgos y ejercen el liderazgo.

Es tentador escuchar "lidere donde tiene influencia" como un llamado movilizador para aquellos que están más abajo en un organigrama. Es más que eso. Aquellos en posiciones clave de autoridad también lamentan los límites de su influencia. También se sienten frustrados por su incapacidad para hacer que todos se muevan en una misma dirección, cuando el desafío es adaptativo.

Por ejemplo, el desafío de liderazgo para una gerente general de una gran empresa podría ser crear una cultura más inclusiva. Ella puede hacer mucho para preparar el terreno, incluyendo traer oradores sobre el tema, modelar comportamientos inclusivos, incentivar discusiones sobre inclusión, etc., pero no puede esperar que la capacitación, los modelos y mensajes sean suficientes para resolver el problema. Ella necesita que personas de todos los niveles se comprometan con el desafío adaptativo. Ella enfoca su influencia donde será más poderosa, tal vez con sus subordinados directos. Pero ella también necesita que ellos lleven la causa a sus esferas de influencia. El objetivo es que las personas en esferas de influencia superpuestas modelen una mayor inclusión en varias partes de la empresa y se responsabilicen mutuamente por el progreso de formas que la gerente general por sí sola nunca podría hacerlo.

La influencia de los políticos es igualmente limitada. El líder de la minoría de la cámara de representantes de un estado tiene mucha influencia en los miembros de la cámara de su propio partido, pero poca o nada en aquellos cuyas lealtades se encuentran en otro lugar. Incluso los funcionarios electos en la parte superior de su jerarquía política, como un presidente, un primer ministro o gobernador, tienen una influencia limitada. Liderar dentro de su esfera de influencia y asociarse con aquellos de otras esferas de influencia es clave.

La tentación de liderar fuera de su esfera de influencia

Puede haber un momento o un lugar en el que decida que vale la pena el esfuerzo de tratar de ejercer el liderazgo más allá de su esfera de influencia. Por ejemplo:

- Un político intenta reunir el apoyo de la oposición en las últimas horas antes de una votación clave.

- Un joven profesional intercede con la alta dirección, con la esperanza de cambiar su decisión sobre un asunto clave.

- Un estudiante habla ante la mesa directiva escolar instando a un enfoque más integral para detener el acoso escolar en el distrito.

Pero es una tarea masiva movilizar a aquellos que están fuera de su esfera de influencia. Si ese político, joven profesional y estudiante logran atraer una nueva atención constante a sus desafíos, describiríamos sus esfuerzos como liderazgo. Sin embargo, por lo general, se produce un cambio importante porque suficientes personas, en diferentes esferas, lideran donde tienen más influencia.

Para ejercer el liderazgo, hay que captar la atención. Obtener esa atención de aquellos que ya se conectan con usted o lo respetan es más fácil que atraer a extraños o incluso oponentes a sus prioridades. Si es importante atraer a extraños u oponentes, ese mensaje debe provenir de alguien que ellos conozcan y en quien confíen, no de usted.

Liderar donde tiene influencia da resultados

Aquí hay seis razones para comenzar a liderar donde tiene influencia (y para entrenar a aquellos a quienes influencia para que hagan lo mismo).

1. **Las personas en su esfera de influencia son parte del problema.** Ellos tienen un rol, al menos un pequeño rol de por qué existe el problema en el que está trabajando y, por lo tanto, deben desempeñar un papel en crear una solución. (Consulte el siguiente capítulo para obtener más información).

2. **Puede comenzar de inmediato.** Usted ya tiene su atención. Puede reunirse con ellos regularmente o verlos durante el almuerzo todos los días. Si comienza a preguntar su opinión o pedirles ideas, es muy probable que se involucren.

3. **Tendrá más éxito.** El liderazgo siempre es difícil, pero es más fácil cuando está interviniendo con personas que ya tienen afinidad por usted y simpatía por su causa.

4. **Movilizará el cambio.** Puede que no sea suficiente para obtener el progreso final que busca, pero es algo. Es un comienzo y una pieza que puede contribuir de manera única.

5. **Se convertirá en un ejemplo asumiendo la responsabilidad.** Usted podría inspirar a otra persona a hacer lo mismo, desatando un contagio de liderazgo en su grupo, equipo, organización o comunidad.

6. **Practicará y mejorará liderando.** Si sueña con ejercer el liderazgo de maneras cada vez más significativas, debe practicar aprovechando las oportunidades que tiene.

El liderazgo siempre es arriesgado y el mayor riesgo es decepcionar a su propia gente. El miedo a hacerlo nos lleva a pensar que el liderazgo está consiguiendo que esas otras personas, en el otro departamento, en el otro partido político, en el otro sector, hagan algo diferente. Cuando esa es nuestra orientación, es fácil culpar al otro, hacerse la víctima y recibir elogios y adulación de nuestra gente por ello, sin haber arriesgado mucho o nada.

Un individuo heroico que se enfrenta a la oposición es una buena historia de liderazgo, pero rara vez es la forma en que se ven y se resuelven los problemas más difíciles. Cuando todos lideran, cuando todos están empujando, tirando y seduciendo a su propia gente para que cambie, es cuando progresamos en nuestros desafíos más difíciles. El progreso en el desafío adaptativo requiere de un liderazgo ampliamente distribuido. Cuantas más personas comienzan a liderar dentro de sus círculos de influencia, más facciones se activan, más personas aprovechan sus oportunidades y más rápido se resuelven los problemas difíciles.

HÁGALO REAL

Estimados Ed y Julia:

Mi desafío de liderazgo es el cambio climático. Reconozco las pérdidas con las que las personas tenemos que lidiar si vamos a salvarnos nosotros mismos de la extinción, así que trato de ser paciente con las personas que no están dispuestas a hacer cosas simples como llevar bolsas reusables a la tienda de comestibles. ¡Pero tengo miedo por el futuro! Hay tanta gente que piensa que esto no es un problema. ¿Cómo hago para que me escuchen y cambien su comportamiento?

—Sal, quiero aprovechar el momento

Estimado Sal:

Está al frente de una causa en la que las masas de personas preferirían no pensar. Pregúntese: "¿Quiero tener razón o quiero ser eficaz?" No dijo que la gente se está cansando de sus discursos, pero tenemos que preguntarnos. En lugar de tratar de querer cambiar a las personas que piensan que esto no es un problema, comience con la fruta que cuelga más abajo. Concéntrese en las personas que reconocen el problema, pero necesitan ayuda para cambiar sus hábitos. Busque compañeros para compartir el trabajo y para que lo mantengan esperanzado. Manténgase paciente y mantenga el desafío en el centro. Construir una esfera de influencia a la vez es lo que le permitirá ganar impulso para los problemas más difíciles.

15

Comience con su rol en el problema

Nuestros mayores y más importantes desafíos son creados en conjunto. Todos somos dueños de una parte del problema y cada uno de nosotros necesita lidiar con su parte.

Un bando político no polariza a una sociedad por sí mismo. Y su hermano emocionalmente distante no se alejó tanto del círculo familiar por su cuenta. En primer lugar, múltiples factores y muchas personas contribuyeron a crear estos problemas profundamente arraigados. Un desafío complejo y adaptativo siempre pasará por el método sencillo de culpar a otras personas y pensar que ellos necesitan resolverlo por su cuenta.

Los números en las ventas no disminuyen año tras año solo porque el departamento de publicidad es disfuncional. Tal vez la fabricación asume felizmente que la línea de productos no necesita cambiar. Tal vez el gerente general se felicita por actuar rápidamente para solucionar el problema ("¡Yo reemplacé al jefe de publicidad!") y está pensando que eso es todo lo que se necesitaba para subir las ventas. Tal vez todos los demás están ocupados en sus asuntos con la seguridad de que mejorar las ventas es problema de alguna otra persona.

"Sabes, debería haber tomado la desviación".

Pero si el desafío es adaptativo, culpar a una persona o departamento (un bando político o un grupo racial) es la receta para el desastre a largo plazo.

Comience con la persona que puede controlar

Cuando los científicos realizan experimentos, cambian una variable independiente para ver si la variable dependiente cambia. Con el liderazgo en un desafío difícil, la variable más simple para cambiar es usted. ¿Se siente frustrado por lo que otros están haciendo? Cambie algo sobre la forma en que se comporta y mire lo que sucede. Si ve un problema en su comunidad y se enfoca solo en lo que otras personas deberían estar haciendo de manera diferente, pierde una oportunidad de oro para ver y aprovechar aquellas oportunidades para liderar.

Aquí hay algunos ejemplos de personas que han tenido la valentía para identificar su rol en el problema:

- Un representante estatal detesta el nivel actual de partidismo político y la polarización. Si bien no puede cambiar todo el sistema, al menos puede decidir no usar un lenguaje subversivo sobre el partido contrario en sus discursos y comentarios públicos. Puede ver cómo responde la gente a medida que cambia su lenguaje. Luego, puede compartir lo que aprende con los votantes y colegas y alentarlos a asumir ser parte del problema.

- Una empresa de muchos años adquiere una empresa emergente, duplicando el número de empleados. Surgen importantes problemas culturales en la fusión de empresas.

La empresa más antigua tenía muchos procesos complejos y una estructura jerárquica. Los empleados de la empresa emergente están acostumbrados a una cultura más atractiva y libre con una estructura plana. Los altos funcionarios han dicho que "Formar una nueva cultura" debería ser el desafío de cada empleado y equipo. En lugar de pensar que es demasiado insignificante para marcar la diferencia, una empleada de primera línea de la compañía original se da cuenta de que la forma en que aborda su trabajo está reforzando dos culturas. Se escucha a sí misma regañando a nuevos colegas cuando no respetan la jerarquía, tratando de que se adapten a su cultura. Así que comienza a experimentar con nuevas formas de compromiso, siguiendo el ejemplo de algunos de sus nuevos colegas de la compañía adquirida, con la esperanza de provocar una mezcla de culturas en al menos su parte de la empresa.

- Un sacerdote anhela que su parroquia se una en los esfuerzos por frenar una pandemia. Dos bandos han surgido en la congregación, uno que quiere promover el uso de mascarillas y vacunas y la otra que alienta a los miembros a resistir esos esfuerzos de salud pública. El sacerdote se da cuenta de que, si bien forjar la unidad llevará tiempo y un cambio de corazón por parte de muchos, puede comenzar una cita regular para tomar café con las personas más elocuentes de cada bando como una forma de crear comprensión, al menos a pequeña escala.

Considere su inmunidad al cambio

Con su innovador libro *Immunity to Change,* Bob Kegan y Lisa Lahey ayudan a millones de personas a identificar su rol en el problema. El libro y sus talleres convencen a individuos y equipos a ver cómo a veces nuestros propios hábitos y mentalidades son las mayores barreras para el cambio que queremos ver en el mundo.

Kegan y Lahey ayudan a los lectores a entender que a menudo, mientras se quejan de su realidad actual por un lado (es decir, "No estoy siendo promovido", "Nuestra organización no está creciendo", etc.), en realidad ellos contribuyen a esa realidad. Un gerente puede abstenerse de expresar interés en ascender porque tiene miedo de asumir más responsabilidades. O un equipo ejecutivo puede ser tan intensamente leal a sus estrategias actuales que se niega a apoyarse en nuevas estrategias que podrían impulsar un mayor crecimiento.

Kegan y Lahey describen las formas en que los hábitos antiguos y las inseguridades no examinadas nos mantienen atrapados en el estatus quo. A esto lo llaman tener un pie en el acelerador y el otro en el freno. Los participantes en los talleres *Immunity to Change* crean mapas para revelar las formas únicas en que un pie en el freno les impide, individualmente o en equipo, lograr un gran objetivo de cambio.

Cuando nos enfrentamos y arreglamos nuestro rol en el problema, quitamos el pie del freno. Si echa un vistazo a su rol como parte del problema, también desbloquea su parte de la solución.

¿Por qué es tan difícil comenzar con su rol en el problema?

Hay muchas razones comprensibles por las que las personas no ven cómo han contribuido a la realidad actual. Es posible que reconozca algunos de estos:

- **Guardamos celosamente nuestra autoimagen.** Pocos de nosotros nos acostamos por la noche, ponemos la cabeza sobre la almohada y reflexionamos sobre todos los problemas que hemos causado. Preferimos pensar en nosotros mismos como el héroe, o al menos como un actor silencioso, pero ciertamente no como un contribuyente al problema.

- **Nos rodeamos de personas que piensan como nosotros.** Muchos de nosotros pasamos nuestros días de trabajo y tiempo libre con personas que comparten nuestra visión del mundo. Es probable que estas personas tengan opiniones similares y no llamen la atención sobre nuestros puntos ciegos. Si todas las personas con las que interactúa piensan que el desafío que enfrenta es culpa del departamento de publicidad, o culpa de los Republicanos, o de los Demócratas, no es probable que acepte que parte de eso es *su* culpa.

- **Queremos creer que realmente hay una solución simple a nuestros desafíos más importantes.** Queremos creer que, si esa persona o ese grupo cambia su enfoque, todo se resolverá solo. O si una persona deja la empresa, todo se corregiría solo. Mucho después seguimos creyéndolo, aunque esté claro que no hay una solución rápida.

- **Tenemos nuestros movimientos adiestrados y queremos usarlos.** A menudo, parte de nuestro problema es pensar que podemos progresar sin salir de nuestra zona de confort. Es difícil darse cuenta de que sus movimientos adiestrados no serán suficientes.

- **Tenemos personas que dependen de nosotros para llevar a casa un salario.** Nos preocupa que si admitimos nuestro rol en el problema o incluso admitimos que estamos estancados, seremos juzgados como deficientes. Tenemos miedo de perder nuestra reputación o nuestro trabajo. Decidimos que es mejor agachar la cabeza y simplemente concentrarnos en las cosas del día a día.

Un secreto eterno para progresar

Por supuesto, no inventamos la idea de "cuál es su rol en el problema":

- Mahatma Gandhi nos exhortó a ser el cambio que queremos ver en el mundo. Les dijo a sus seguidores: "Si pudiéramos cambiarnos a nosotros mismos, las tendencias del mundo también cambiarían... No necesitamos esperar a ver qué hacen los demás".

- Y en la Biblia en el Libro de Mateo, Jesús dice: "¿Por qué miras la paja en el ojo de tu hermano e ignoras la viga que está en tu propio ojo?"

- Siglos antes de eso, en el Talmud, el texto central del judaísmo rabínico, el rabino Hillel preguntó a sus estudiantes: "Si solo soy para mí, ¿qué soy? Y si no es ahora, ¿cuándo?"

Cuando exploramos nuestro rol en el problema, la humildad y la curiosidad suavizan nuestros corazones y abren nuestras mentes hacia otras personas. Eso conduce a un mejor diagnóstico de la situación y a una acción más decidida y efectiva.

Haga que todos se pregunten: "¿cuál es mi parte del problema?"

Una persona puede ver un problema, sentir más curiosidad al respecto y usar su influencia para mejorar las cosas. Pero el verdadero cambio comienza cuando muchas personas sienten curiosidad por lo que realmente está sucediendo con un problema o desafío.

Cada vez que alguien se pregunta auténticamente "¿Cuál es mi rol en el problema?"—y se detiene el tiempo suficiente para escuchar la respuesta—generan la posibilidad de que su propio liderazgo dirija la única variable que pueden controlar. El progreso suele estar a la vuelta de la esquina.

HÁGALO REAL

Estimados Ed y Julia:

¡Hola!

Me intriga esta idea de comenzar con mi rol como parte del problema. Soy una persona espiritual, así que, en general, no es difícil admitirlo. Pero necesito ayuda haciéndolo específico. Soy maestro de secundaria y nuestro director me nombró vicepresidente de un gran esfuerzo de rediseño para toda la escuela. El propósito de nuestro rediseño es transformar la experiencia educativa y enseñar a los estudiantes los hábitos de éxito que necesitarán a lo largo de la escuela secundaria y más allá.

Presentamos toneladas de nuevos recursos curriculares y opciones innovadoras de horarios de clases. Pero los maestros deben participar, y en este momento no lo están haciendo. ¡Es tan frustrante! ¡Podríamos estar a la vanguardia si simplemente dieran un paso adelante! Sé que todo lo que hemos implementado puede ser abrumador, pero aun así...

Esto va a funcionar a través de pruebas y errores, resolución de problemas, colaboración, intercambio y reflexión. ¡Así es como evolucionaremos nuestra cultura de aprendizaje! Quiero hacer una diferencia en las vidas de mis estudiantes, colegas y comunidad. Si realmente soy parte de este problema, ¡quiero saberlo! ¡Ayuda por favor!

—¡¡¡Adrián, acepto comentarios por favor!!!

Querido Adrián:

Sus mayores fortalezas pueden ser también su mayor debilidad y el lugar para comenzar a buscar la parte que jugó en el desastre. Seguramente su director lo llamó para copresidir este esfuerzo gigantesco porque es entusiasta, optimista y comprometido con el aprendizaje de los estudiantes por encima de todo. Pero otros maestros pueden no ser tan receptivos a su impulso al cambio. Tal vez ven las cosas de manera diferente o tienen otros problemas personales, profesionales, o incluso históricos, que pesan sobre ellos y pueden dificultarles tolerar la incertidumbre que suele venir con el cambio.

¿Frenó su impulso lo suficiente como para escuchar realmente a cada uno de sus compañeros maestros? Su rol como parte del problema puede ser (y ciertamente no lo sabemos con certeza) que está fallando al no ver a cada uno de ellos como individuos con sus propias experiencias vividas y, tal vez, temores e inseguridades bien fundados. Si usted disminuye la velocidad, reconoce que ha dejado a algunas personas atrás y comienza a hacer preguntas más abiertas, es posible que se sorprenda por los resultados. Y no tenga miedo de disculparse por el papel que ha desempeñado creándoles la sensación de agobio. A medida que usted admita su rol en el problema, le apostamos a que ellos comenzarán a reconocer la suya.

Manténgase fuerte. La escuela tiene la suerte de tenerlo como parte del personal.

16

Comience involucrando a otros

Una de dos cosas tiende a suceder cuando comenzamos a trabajar en un desafío adaptativo: o intentamos hacerlo solos (el héroe que viene a salvar el día) o traemos colegas con ideas afines (que aportarían la misma perspectiva limitada sobre el problema y posibles soluciones que usted). El primer enfoque da prioridad a nuestro ego, el segundo a nuestra comodidad. Ninguno de los dos funciona.

La tentación de trabajar arduamente usted mismo o con sus aliados más cercanos es atractiva. Esto puede ser especialmente cierto si carece de confianza en su capacidad para contribuir. Por otro lado, si ha hecho una buena carrera en ser un experto o una autoridad, es posible que se sienta más cómodo creando planes y entregando respuestas que confiando en que tendrá más impacto al involucrar a otros.

Actuar solo no funciona

Hacer las cosas solo puede ser su hábito o su preferencia, pero no funciona. Incluso el conocimiento y el ingenio de la persona más brillante nunca serán suficientes para resolver los mayores desafíos que enfrentan las empresas y las comunidades. Si la situación a la que se enfrenta es un desafío adaptativo, abordarla por sí mismo no funcionará. En cambio, necesita más personas (idealmente todos en su sistema) dispuestas y listas para experimentar y ejercer el liderazgo.

Con problemas técnicos, una persona inteligente puede trabajar por su cuenta y hacer el trabajo bien. Un mecánico es la persona adecuada para trabajar bajo el cofre de su automóvil y arreglarlo. Los grupos de enfoque y la participación de las partes interesadas no ayudarán a ese mecánico a arreglar el automóvil más rápido o mejor. Llevar a toda su familia al taller de reparación para proporcionar su perspectiva sobre el problema sería una pérdida total de tiempo. Lo mismo es cierto para el trabajo técnico en la oficina o en su vida de voluntariado. Pero es una historia diferente cuando el trabajo es adaptativo. Con desafíos más complejos necesita a otras personas.

Ed aprendió esta lección de la manera más difícil cuando trabajaba en la Cámara de Representantes de su estado. Uno de esos años tuvo gran éxito trabajando con un grupo bipartidista de legisladores para forjar una solución a un problema altamente divisivo sobre el financiamiento escolar. El compromiso con las partes interesadas y otros legisladores fue alto, lo que resultó en un grupo creciente y diverso que adoptó un camino colectivo a seguir. Pero al año siguiente adoptó un enfoque diferente en un desafío igualmente divisivo. A pesar de su éxito anterior, esta vez Ed lo hizo solo. Debería haber involucrado a diversas voces y haber buscado asociarse con otros, aportes y aprendizaje colectivo, pero en su lugar se esforzó por elaborar un plan "perfecto". Cuando finalmente presentó el plan a los demás, la recepción fue tibia. Un año antes, Ed había involucrado a otros y tuvo éxito. Cuando lo hizo solo al año siguiente, tuvo poco que mostrar de su trabajo.

Mantenerse cerca de colegas con ideas afines tampoco funciona

Al escuchar consejos como "no lo hagas solo" e "involucra a otras personas", un primer impulso común es traer a su equipo de referencia.

Pero no progresará en los desafíos adaptativos al involucrar sólo a aquellas personas que comparten su perspectiva. Encontramos confort en las personas que piensan como nosotros, pero a menudo refuerzan nuestras nociones preconcebidas. Necesitamos una mente abierta para el trabajo adaptativo.

No necesita ver más allá de la política disfuncional de Estados Unidos para entender esta dinámica. En la década de 1990 y principios de la década del 2000, los progresistas y los conservadores comenzaron a buscar medios de comunicación que reforzaran sus puntos de vista políticos. Ahora esa dinámica se ha extendido a en qué vecindario vive o a qué comunidad de fe asiste. El partidismo incluso aparece en aquellos lugares donde la gente hace compras (los progresistas en Target, los conservadores en Walmart) y sus marcas preferidas (Subaru, Lu Lu Lemon y Starbucks para progresistas; Chevy, Duluth Trading Company y Dunkin' para los conservadores). Estamos simplificando demasiado, por supuesto, pero es imposible no ver las tendencias. Como estadounidenses, nos estamos clasificando cada vez más en grupos con preferencias y perspectivas de ideas afines y cortando las opciones de encontrar un término medio.

Julia tiene cicatrices relacionadas con esta lección. Fue elegida miembro de la mesa directiva escolar local en su pequeña comunidad rural. Los siete miembros de la mesa directiva determinaron un nuevo campus de $28 millones como la mejor forma de mantener sus escuelas vibrantes y atractivas. Se hicieron una serie de sesiones promocionales disfrazadas de aportes de la comunidad. Luego, la mesa directiva sometió a votación el tema de los impuestos en la comunidad (necesarios para financiar los $28 millones). La medida perdió con solo 197 votos a favor de la nueva escuela y 929 en contra.

Julia solo había vivido en una comunidad rural de los Estados Unidos por un par de años. Descubrió que el nivel de deuda que la mesa directiva estaba pidiendo a los contribuyentes que asumieran no sólo era difícil de manejar para la gran mayoría, sino que era tremendamente incongruente con los valores rurales de frugalidad y preservación.

Julia se dio cuenta de que había estado en una cámara de eco de ideas afines. En lugar de darse por vencida, la mesa directiva aprendió de su fracaso. Comenzaron a involucrar a otros, como deberían haber estado haciéndolo todo este tiempo. Reunieron diversas perspectivas y autorizaron a un grupo de trabajo representativo a recomendar un nuevo camino a seguir. Después de meses de escuchar y liderazgo, los miembros del grupo de trabajo recomendaron un término medio. Su confianza en el proceso restaurada, los votantes aprobaron una renovación más pequeña, pero aún significativa, de $12 millones de los dos edificios escolares existentes.

Abandone la cámara de eco de las personas afines

No son solo las personas en la vida cívica y política las que caen en la trampa como lo hicieron Julia y la mesa directiva escolar antes de la primera votación. Las personas en organizaciones y empresas están demasiado dispuestas a disfrutar de sus propias cámaras de eco de las ideas afines. Los vendedores se asocian más con los vendedores, las personas de la oficina con las personas de oficina. Ejecutivos con compañeros ejecutivos, jóvenes profesionales con jóvenes profesionales.

Pero en el trabajo adaptativo no hay un camino claro a seguir. Mientras más temprano amplíe el círculo de personas para que aporten sus perspectivas al mismo desafío, mejor.

Debido a que hay muchas maneras de ver un problema o desafío, involucrar a otros, especialmente a aquellos que tienen diferentes perspectivas y comparten diferentes valores, ayuda a esclarecer la situación. Usted comienza a ver el problema más claramente y juntos pueden idear soluciones que sean más completas.

Del mismo modo, al involucrar a aquellos que piensan de manera diferente a usted sobre un desafío en particular, ayuda a garantizar que no estén, consciente o inconscientemente, trabajando en su contra.

¿Por qué es difícil involucrar a los demás?

Es raro vivir la experiencia de un compromiso sólido y efectivo. Estas pueden ser cosas que se interponen en el camino:

- **Nuestros enfoques típicos de compromiso a menudo son insuficientes.** Por ejemplo, *la participación* de los órganos de gobierno generalmente significa un período de comentarios públicos durante una reunión del ayuntamiento de la ciudad o de la mesa directiva escolar. Por lo general, esto significa que las personas se turnan para hablar desde detrás de un podio. A menudo no hay o hay poca interacción entre el orador y el órgano rector o la audiencia. Los oradores generalmente se limitan a una cantidad fija de tiempo, como cinco minutos. Estamos a favor del compromiso público con el gobierno, pero este enfoque estándar se convierte en un mero teatro político cuando las personas intentan abordar desafíos abrumadores.

- **A veces somos incapaces de reconocer las desigualdades que dificultan la participación de las personas.** A menudo, especialmente en los sectores cívico y sin fines de lucro, decimos que queremos escuchar voces diversas, pero no hacemos lo suficiente para eliminar las barreras al compromiso. ¿Aquellas personas que decimos que queremos escuchar tienen transporte y cuidado para sus niños para poder asistir a una reunión? ¿Están siendo compensados por su tiempo de manera equitativa? ¿Estamos dispuestos a ser influenciados por ideas disruptivas o estamos incluyendo voces diversas solo para poder marcar una casilla?

- **Es posible que carezcamos de imaginación para crear nuevas estructuras y procesos para el compromiso.** El proceso estándar de comentarios públicos en los órganos de gobierno es el único proceso con el que hemos tenido experiencia. La reunión de todo el personal en nuestra empresa es todo lo que conocemos. Simplemente seguimos replicando lo que ya hemos hecho sin imaginar cómo esos procesos nos están sirviendo (¡o no!).

HÁGALO REAL

Estimados Ed y Julia:

Estoy en un cargo muy alto en una agencia estatal de conservación de recursos naturales. El desafío que más me importa en este momento es crear un sistema de parques inclusivo donde las personas de diferentes razas se sientan bienvenidas, disfruten de los parques y se comprometan con la conservación de nuestros espacios públicos. Mi pregunta es, ¿cuándo debemos involucrar a los representantes de esas comunidades? ¿Es realmente justo esperar que ejerzan liderazgo en este tema cuando tienen sus propios desafíos?

—Casey, la ambientalista cautelosa

Estimada Casey:

No podemos presumir cuáles desafíos deben convertirse en prioridades para los demás. Pero tendrá más éxito si desde el principio involucra a las comunidades que espera se conviertan en visitantes frecuentes y defensores de los parques públicos. Algunas personas o grupos invitados a participar en este desafío puede ser que enfoquen sus esfuerzos en otro lugar. Está bien. Confíe en que las personas tomarán decisiones por su cuenta.

Use su poder de convocatoria para involucrar a las personas adecuadas desde un principio. Apoye a las personas para que sean auténticas, incluso provocadoras, en sus comentarios y desafiantes en las solicitudes para usted y para su agencia. Está tratando de cambiar un sistema con normas y patrones profundamente arraigados y de involucrar a personas que pueden no haberse sentido bienvenidas o incluidas antes. Sea paciente y encuentre sus aliados. Valdrá la pena.

Parte cuatro

Use la temperatura

emos explorado la conexión entre nuestros desafíos más difíciles y cosas como la pérdida, el riesgo, los disturbios y el conflicto. En KLC a menudo usamos la palabra *temperatura* como abreviatura de estas cosas. El progreso en los desafíos adaptativos requiere enfrentar esa temperatura. Fíjese que decimos *enfrentar*, no *eliminar*. En la Parte 4 exploramos cómo y por qué la temperatura es necesaria para el progreso.

Piense en su organización como en una sartén. Ejercer el liderazgo implica tomar la temperatura y regular la llama, haciendo todo lo posible para mantener el aceite burbujeando a la temperatura adecuada para el cambio. Si el calor es demasiado bajo en torno a un desafío importante, no hay suficientes personas que se involucren y entiendan la necesidad de cambio. Por otro lado, si la temperatura alrededor de su desafío es demasiado alta, se activa una reacción de lucha o huida. Las tensiones aumentan y el conflicto interrumpe todos los intentos de avanzar.

Para resolver los desafíos realmente difíciles, necesitamos encontrar un lugar intermedio desde el cual las personas que ven un problema de manera diferente puedan reconocer el desafío y sentir la libertad de contribuir, hacer preguntas y experimentar con soluciones. Necesitamos crear espacios y facilitar conversaciones en las que la temperatura en torno a un tema importante no sea ni demasiado caliente ni demasiado fría. El liderazgo implica intervenir para asegurarse de que ninguna parte interesada importante se caliente tanto que abandone el trabajo, incluso cuando permite que surjan nuevas perspectivas, como perfectas palomitas de maíz. Necesitamos muchas personas, en todo su sistema, ejerciendo liderazgo para generar y mantener niveles productivos de temperatura el tiempo suficiente para alcanzar sus aspiraciones de cambio.

Como ciertamente ha visto usted mismo, una persona no puede regular la temperatura por sí misma. Todos deben ser capaces de tomar la temperatura y estar dispuestos a poner la mano en el regulador, aprovechando los momentos claves para bajar la llama si el conflicto aumenta y el grupo corre el riesgo de perder voces importantes. Del mismo modo, todos nosotros tenemos que estar preparados para subir la temperatura si nuestro desafío más importante comienza a deslizarse al margen de la atención colectiva.

Las personas con autoridad tienen cosas significativas, incluso esenciales, que pueden hacer para regular la temperatura. Pero mantener el enfoque en el desafío no es solo su trabajo. Ninguno de nosotros puede hacerse a un lado pensando: "No hay nada que pueda hacer para contribuir al progreso aquí". Dondequiera que se encuentre con relación al desafío, podrá probar algo para que las cosas surjan. Cuando se trata de mantener a las personas en la *zona productiva*, todos tenemos un papel por desempeñar.

17

Evitando hacer el trabajo: cuando la temperatura es demasiado baja

Para la mayoría de las personas y organizaciones, las preguntas reveladoras de La Brecha de la primera parte de este libro ("Cuando piensa en el futuro de su organización, ¿qué es lo que más le preocupa?" y "¿Cuál es su mayor aspiración?") provocan respuestas sobre las preocupaciones y aspiraciones que las personas han estado llevando consigo durante años. Una empresa está eternamente preocupada por el compromiso de los empleados. La mayor aspiración de una mesa directiva sin fines de lucro son las oportunidades educativas equitativas para todos los jóvenes. Un consejo económico regional está más preocupado por el éxodo de profesionales con cada década que pasa.

¿Qué pasa? ¿Por qué es tan difícil para nosotros avanzar en las cosas que decimos que son más importantes? Una respuesta es *evitando hacer el trabajo*.

"Solo ha crecido ese diente hasta ahora, así que no sé qué le preocupa".

Pocos de nosotros nos sentimos responsables de mantener la temperatura alrededor de un problema lo suficientemente alta durante el tiempo necesario para que ocurra un cambio real. Es como si estuviéramos poniendo aceite y palomitas de maíz en la sartén y luego, de vez en cuando, enviamos a una persona a encender la llama durante unos segundos. Nuestros desafíos más importantes persisten porque la mayoría de nosotros somos realmente buenos para evitar el trabajo prolongado y colectivo requerido para avanzar en los desafíos arraigados y adaptativos.

Evitamos el trabajo adaptativo Porque es incómodo

Por mucho que digamos que queremos resolver nuestros desafíos más difíciles, evitamos hacer el trabajo difícil porque se interpone en el camino de otras cosas que deseamos. Queremos un ambiente informal y amigable en el trabajo, por lo que no planteamos los problemas que harán que las personas se sientan incómodas. Queremos ser queridos, por lo que nos resistimos a ofrecer ideas contrarias a la norma del grupo. Queremos ser considerados como competentes o parte de la pandilla, por lo que no desafiamos la sabiduría prevaleciente ni sugerimos alternativas a "la forma en que hacemos las cosas aquí". Nos abstenemos de compartir datos provocadores o hacer preguntas obvias por temor a ser etiquetados como alborotadores y ser pasados por alto para el próximo gran proyecto o promoción.

Aquí hay un ejemplo tonto, aunque no necesariamente adaptativo: Ed odiaba cortar el césped cuando era niño. Lo posponía hasta que la hierba era vergonzosamente alta.

Después, en lugar de comenzar de inmediato, primero cambiaba la batería de sus audífonos y pasaba tiempo decidiendo qué música escuchar mientras cortaba el césped. Luego iba a la gasolinera a llenar el tanque, a pesar de que la cortadora ya tenía suficiente gasolina. Él podía esbozar una nueva ruta de siega, tratando de descifrar el camino más eficiente a través del jardín. ¡Por supuesto, esas actividades solo retrasaban y evitaban el trabajo real de cortar el césped!

Hacemos cosas similares en nuestra vida adulta también.

Aquí hay algunos ejemplos:

- Un ayuntamiento que lucha con el tema perenne y difícil de las personas sin hogar nombra otro grupo de trabajo para estudiarlo. Las recomendaciones de los grupos de trabajo anteriores permanecen en el estante de libros, sin implementarse.

- Un equipo corporativo necesita tener una difícil discusión sobre el rendimiento de una de sus unidades. Ese debate ocupa el último lugar en la lista de la reunión semanal. Todo el mundo sabe que la discusión es vital. Pero la mayor parte de la reunión se dedica a discutir temas diversos. Con tres minutos restantes en la reunión, el equipo centra su atención en el tema del rendimiento. Apresurados y sin tiempo suficiente para sacar a la superficie las cosas difíciles, repiten las quejas y abandonan la reunión, después de haber marcado algunas cosas, en su mayoría de procedimiento, para tacharlas de la lista, pero dejando que el problema grande y adaptativo se agrave.

- En otra ronda de planificación estratégica también se podría evitar hacer el trabajo. Es más fácil imaginar todas las cosas que podrían y deberían hacerse en el futuro en lugar de hacer lo que se necesita ahora.

La baja temperatura luce como personas que se mueven como por inercia, tomando sus enfoques normales, intentando resolver el problema de la manera en que siempre han intentado hacerlo. En cada uno de esos ejemplos, las personas bien intencionadas toman medidas que mantienen la temperatura en torno a un desafío difícil demasiado baja. Sus acciones (el grupo de trabajo, la discusión de tres minutos, el plan estratégico) impiden inadvertidamente el progreso al permitir que el grupo vuelva a dejarse llevar en lugar de abordar preguntas más profundas y significativas.

Por qué evitamos hacer el trabajo

El progreso en desafíos difíciles y adaptativos requiere que nos mantengamos allí cuando la temperatura se eleva. Pero eso puede ser difícil. No es algo natural para la mayoría de nosotros. Es más fácil evitar hacer ese trabajo porque:

- **Reconocemos que habrá pérdidas.** El progreso en los desafíos adaptativos es evolutivo. Necesitamos dejar ir algo para avanzar. Pero estamos programados para resistirnos a dejar ir las cosas que valoramos. Evitamos hacer el trabajo difícil cuando percibimos que éste significa tener que dejar de lado valores preciados o cambiar las relaciones con personas que nos importan.

- **Odiamos la incomodidad.** Abordar un problema difícil aumenta la temperatura, y más temperatura significa más incomodidad. Si juzgo mal la situación y subo la temperatura demasiado rápido, podría hacer que la palomita de maíz se queme.

- **Es fácil convencernos a nosotros mismos de que hemos hecho lo suficiente.** Con demasiada frecuencia nos rendimos después de un esfuerzo por resolver el desafío, satisfechos con nosotros mismos, pensando: "Al menos lo intenté".

- **No estamos seguros de que el problema pueda ser resuelto.** Algunos problemas, como la falta de vivienda, la pobreza y el cambio climático, parecen tan grandes que una persona, equipo, organización o comunidad no puede hacer mella en el problema. Así que bajamos los brazos y perdemos oportunidades para hacer una diferencia.

- **Queremos mantener a la gente feliz.** Las personas con autoridad son particularmente susceptibles a estas formas para evitar hacer trabajo. Han sido contratados (elegidos o nombrados) para establecer la visión y dirigir el camino a seguir. Otros buscan en ellos orden y seguridad. Se espera que solucionen los problemas. La tentación para ellos, entonces, es tratar cada desafío como algo que debe resolverse rápidamente, evitarse o hacerse a un lado. Esto mantiene a las personas felices a corto plazo, pero permite que los problemas adaptativos se agraven.

Cómo evitamos hacer el trabajo

Destacan tres formas:

1. **Le pasamos la responsabilidad del desafío adaptativo a otra persona o la postergamos para otro momento.** Un gobierno asigna un grupo de trabajo para estudiar el tema e informar. Una empresa global contrata a un director de diversidad, equidad e inclusión, mientras que el equipo ejecutivo atiende los negocios como de costumbre y rara vez discute cómo ser más inclusivo.

2. **Hacemos algo (lo que sea) para parecer ocupados y que estamos abordando el problema.** Una empresa reestructura su organigrama y espera mejores resultados. Un grupo que lucha por los derechos saca a cientos de personas para una protesta improvisada, pero no anticipa formas de mantener a esas personas comprometidas más allá de una marcha el sábado por la mañana. Un grupo ocupa mucho tiempo discutiendo preguntas mundanas, dejando de lado las grandes preguntas que no tienen respuestas fáciles, sin planteamientos y desatendidas.

3. **Culpamos o avergonzamos a cualquiera que se atreva a decir algo sobre un problema difícil.** La jefa arremete contra su subordinado directo por traer malas noticias, atacando así al mensajero, dejando el mensaje sin atención y permitiendo que el desafío se arraigue más.

Cuantas más personas estén listas para liderar, más difícil será para los grupos evitar el trabajo pendiente. Y una vez que, colectivamente, decimos "no" a evitar hacer el trabajo, estamos más dispuestos y listos para subir la temperatura.

HÁGALO REAL

Estimados Ed y Julia:

Dondequiera que voy veo gente que evita el trabajo duro. En nuestro gobierno, en mi trabajo, en la mesa directiva de mi trabajo voluntario, incluso en mi familia. No es más que evitar, evitar, evitar. Hago ejercicio, medito y, tal vez, bebo demasiado, todo para evitar pensar en el terrible estado de todo.

Halle, incapaz y al borde de la desesperación

Querida Halle:

Usted no es incapaz y si está bebiendo demasiado o se siente profundamente deprimida, programe una cita con un consejero de inmediato. Si eso fue una exageración, ¡reconozca que ceder a la desesperación es una forma de *evadir hacer el trabajo*!

Reenfoque la energía que parece estar gastando en pensar sobre todo lo que está mal en el mundo y úsela para comenzar a experimentar en una sola área de su vida. Su mesa directiva de voluntarios podría ser un buen lugar para practicar, ya que los riesgos de ejercer el liderazgo allí pueden ser menores que en su lugar de trabajo. Recuerde, articular el desafío en el centro de su trabajo es un gran primer paso. Nómbrelo. Escríbalo. Luego, regrese al ejercicio de La Brecha en el Capítulo 5. Comience a preguntar a sus amigos y compañeros miembros de la mesa directiva qué es lo que más les preocupa de la situación que ha planteado.

Si bien eventualmente necesitará ayudar a más personas a enfrentar la situación con valentía para dejar de evadir el trabajo, por ahora solo recuerde, el liderazgo comienza con usted.

18

Los ánimos se encienden: cuando la temperatura es demasiado alta

El último capítulo exploró lo que sucede cuando se mantiene la temperatura demasiado baja alrededor de un desafío difícil. Este capítulo va en la dirección opuesta. Cuando la temperatura es demasiado alta, el trabajo productivo es imposible. En lugar de solucionar las diferencias para generar comprensión y progreso, un grupo deja que reine el conflicto improductivo.

Revisemos nuestra analogía de las palomitas de maíz. Cuando el aceite comienza a humear, la temperatura es demasiado alta para que se cocinen. Si no bajamos la temperatura rápidamente, terminaremos con granos carbonizados y una cocina ahumada que olerá mal durante días. Estamos viendo muchas cocinas humeantes últimamente.

Cuando Ed y Julia comenzaron a trabajar juntos en el 2009, rara vez nos encontrábamos aconsejando y entrenando a las personas para que bajaran la temperatura. A principios de la década del 2000, alguien que ejercía el liderazgo generalmente necesitaba encontrar más oportunidades para subir la temperatura. Si bien eso sigue siendo crucial, cada vez es más importante saber cuándo y cómo reducir la temperatura.

Cuando la temperatura sube demasiado, no solo no avanzamos en el desafío, sino que también corremos el riesgo de perder la cohesión de la comunidad o de la empresa. Para protegerse, las personas se alejan unas de otras, o se convierten en versiones enojadas de sí mismas, atacando a otros y derribando puentes.

No es que anhelemos los viejos y buenos tiempos de mayor civilidad en nuestro discurso público. Esos días nunca existieron realmente. Demasiadas personas y comunidades esperaron siglos para que sus voces fueran escuchadas y sus aspiraciones influyeran en las políticas y prácticas de los gobiernos y las instituciones. Una temperatura más alta en torno a los problemas de raza y equidad, por ejemplo, puede ser una señal de que las cosas finalmente están cambiando de manera significativa y duradera.

Pero la temperatura en torno a un tema difícil es útil solamente si esclarecemos oportunidades para ejercer el liderazgo y el progreso en lugar de quemar relaciones y destruir aquellos momentos clave de cambio positivo.

Muchos factores contribuyen a que el proceso de búsqueda de un terreno en común, especialmente en la vida cívica, sea más difícil, más volátil y menos productivo. Tal vez en el futuro los antropólogos culturales rastreen este fenómeno hasta el auge de las redes sociales y el declive de las relaciones reales con nuestros vecinos. Pero lo que sabemos por experiencia propia es que la temperatura en torno a temas importantes cada vez es más alta. Para usar otra metáfora, la sociedad es una olla a presión y siempre estamos a un grado de que la tapa salga volando.

Cuando la tapa sale volando

Una ciudad muy grande recientemente involucró a nuestro equipo para facilitar la participación de la comunidad en torno a una propuesta de una norma contra la discriminación. La retórica hasta entonces había sido incendiaria y acusatoria. Los sectores predominantes eran la comunidad LGTBQ, por un lado, abogando por más protecciones, especialmente para las personas transgénero y las comunidades de fe conservadoras por el otro, que abogaban por la libertad religiosa. Los testimonios del público frente a las reuniones del ayuntamiento de la ciudad reflejaban en gran medida los puntos de conversación a nivel nacional de esos dos sectores. Mientras tanto, a pesar de meses de debate, las preguntas clave sobre lo que la norma permitiría y no permitiría hacer habían permanecido inexploradas y sin respuesta.

A los observadores del debate les preocupaba que la escala en la tensión pública causara daños que afectarían el funcionamiento de la comunidad en años venideros.

La gente hablaba unos de los otros, los sectores se atrincheraron y nadie escuchaba a nadie más. Aunque muchas personas tenían preguntas sustantivas sobre lo que la norma haría o no haría, hasta el momento en que nosotros abordamos el tema, no se había encontrado un foro donde poder explorarlas. Los medios locales parecían más interesados en cubrir la controversia en torno a la norma que en describir el contenido de la propuesta de la norma y cómo interactuaría con las leyes estatales y federales contra la discriminación. Cada artículo y publicación en línea solo servían para subir la temperatura y elevar las divisiones.

Sabíamos por experiencia pasada que una forma de reducir la temperatura era hacer que sectores en competencia trabajaran juntos para abordar algún aspecto pequeño pero crucial del problema. Organizamos dos reuniones nocturnas facilitando un proceso para ayudar a las partes claves interesadas, sin importar su posición sobre la propuesta de la norma, a explorar lo que contenía la propuesta y cómo, si era aprobada, cambiarían las cosas para los individuos, empleadores, propietarios, escuelas, empresas públicas e instituciones religiosas.

En este caso, meterse en la complejidad de un documento legal en el que todos tenían un interés ayudó a bajar la temperatura. A medida que se desarrollaba el proceso, las dos partes opuestas comenzaron a comprometerse de manera diferente entre sí y con la propuesta de la norma. Esto ayudó a juntar a todas las partes interesadas en la sala, incluyendo a defensores de veteranos y personas con discapacidades y representantes de la NAACP, a quienes no se les había escuchado mucho en períodos anteriores de comentarios públicos del ayuntamiento.

Los opositores llegaron a comprender que la mayoría de las protecciones en la propuesta de la norma local ya existían a nivel estatal y federal. Aunque todavía se oponían a la norma, su oposición se moderó a medida que comenzaron a comprender más plenamente cuán poco terreno nuevo se estaba arando.

Del mismo modo, los proponentes se volvieron más mesurados y templados con su entusiasmo. Comenzaron a hablar más directamente sobre los detalles y partes de la norma, en lugar de retomar una amplia retórica nacional.

La temperatura bajó y durante algunos momentos durante la segunda noche, las personas de los dos sectores más polarizados se hicieron preguntas con curiosidad y escucharon con genuina empatía. Más tarde, el ayuntamiento revisó la norma para incluir algunas de las mejoras sugeridas por los grupos. Finalmente, la norma fue aprobada. Mucha gente seguía oponiéndose por motivos económicos, políticos o morales, pero el tenor del debate había cambiado. Al participar en un proceso que bajó la temperatura, este grupo de personas con valores, perspectivas y preferencias en conflicto en torno a un tema divisivo se volvió menos hostil y más productivo en su discurso.

La temperatura es demasiado alta

Aunque nuestro ejemplo de facilitar el trabajo productivo en torno a la norma contra la discriminación surge del civismo, las explosiones ocurren en todas partes en estos días. La gente está nerviosa. El nivel de temperatura correcto ayuda a superar la apatía y provoca el aprendizaje y el progreso, pero una temperatura demasiado alta corta el diálogo productivo.

La gente no puede escuchar y es imposible descubrir nuevas formas de avanzar juntos.

Conozca las señales de un sistema que está a punto de explotar

Esté atento a estas indicaciones de que la temperatura alrededor de un desafío difícil puede sobrepasar el punto de productividad:

- **Se activa una reacción de lucha, huida o parálisis.** Cada vez que alguien menciona un desafío difícil, algunas personas apoyan y se preparan para luchar, algunas huyen y otras se sobrecargan y no pueden responder. Esto podría presentarse como algunas voces que se vuelven tensas y más fuertes, mientras que la mayoría de las personas se callan por completo o se levantan y salen de la habitación.

- **La gente discute entre sí.** Nadie está escuchando. Nadie está haciendo preguntas. La conversación se convierte en una descarga de bombas retóricas diseñadas para molestar o acorralar a la otra parte.

- **Las intervenciones favorecen a un sector mientras aíslan a otro.** Cada argumento y cada acción parece diseñado para animar a la gente de un lado del problema y molestar a la gente del otro lado. Nadie da un paso para abrir posibilidades y buscar un terreno en común.

- **La gente no está aprendiendo nada.** La curiosidad y el aprendizaje son clave para resolver desafíos adaptativos.

Cuando el aprendizaje se detiene, las oportunidades de liderazgo se evaporan.

- **La gente se sataniza entre sí.** En lugar de tratar de entender al otro lado, los involucrados buscan culpar a una persona, un equipo, un departamento o una fuerza malévola externa al problema (y a menudo una cascada de otros males)

Los neurólogos nos dicen, y la mayoría de nosotros lo sabemos por experiencia, que las situaciones de alto estrés provocan patrones predecibles de respuestas psicológicas en una de estas dos categorías: cuando las tensiones aumentan, algunas personas se vuelven hiperexcitadas, agitadas e incluso explosivas. Otros se disocian, se deprimen, se retraen, casi se paralizan. Cuando la temperatura en torno a un desafío sube tanto que activa este tipo de respuestas al estrés, las personas no pueden aprender, no pueden participar productivamente en torno al conflicto y no pueden encontrar formas de comprometerse. El liderazgo, en esas situaciones, significa encontrar formas de bajar la temperatura.

Cuando todos lideran evitamos que la temperatura suba demasiado

Cualquiera puede ejercer liderazgo para ayudar a mantener la temperatura bajo control y evitar una situación explosiva. Considere esto:

- **Manejarse a sí mismo es un comportamiento de liderazgo.** Cuantas más personas en su organización o comunidad puedan manejarse a sí mismas, es decir, mantener la calma frente a la adversidad, canalizar sus emociones y elegir reacciones más estratégicas, es más probable que se pueda mantener la temperatura a un nivel productivo. Una de las razones por las que nuestra intervención en torno a la norma contra la discriminación funcionó fue porque las partes interesadas trabajaron arduamente para manejarse a sí mismas; en su mayor parte, ganaron credibilidad cada vez que hablaron en lugar de, como había sido durante las reuniones del ayuntamiento de la ciudad, provocando la indignación del lado contrario.

- **Ayudar a un grupo a apegarse al propósito es un comportamiento de liderazgo.** Es más probable que la temperatura se mantenga a un nivel productivo si se construye una cultura en la que muchas personas tienen la voluntad y las habilidades para hablar con un propósito en común y recordar a los demás en dónde comparten un terreno en común.

- **Pasar un poco más de tiempo diagnosticando una situación es un comportamiento de liderazgo.** En situaciones difíciles, la mayoría de las personas buscan una explicación fácil que culpe al otro grupo. Suficientes personas que practican la habilidad de liderazgo del diagnóstico profundo pueden interrumpir esa norma, manteniendo el calor enfocado en múltiples interpretaciones en lugar de un solo chivo expiatorio.

El punto es que cuando todos lideran, mucha gente ayuda a mantener al grupo en la zona productiva; no todo recae sobre los hombros de una persona. (Hablaremos más sobre la zona productiva en el siguiente capítulo.)

Sin temperatura, sin cambios

El aceite no hervirá por sí solo. No obtiene nada si no enciende la llama.

Tenga cuidado de evitar subir la temperatura y quedarse atrapado en evitar hacer el trabajo. Es tentador asumir que cada vez que las cosas se calientan se ponen "demasiado calientes". La incomodidad, la incertidumbre y el conflicto (también conocido como la temperatura) son ingredientes esenciales en la receta para hacer avances en nuestros desafíos más importantes. La incapacidad de lidiar con los conflictos de manera productiva es una de las razones por las que nuestros mayores desafíos persisten, año tras año.

No queremos eliminar el conflicto; en cambio, queremos involucrar a todos para mantener el conflicto productivo para que, al enfrentarlo, avancemos en nuestros desafíos más importantes. Necesitamos más habilidades y mejores procesos para sacar a la superficie puntos de vista contradictorios y negociar soluciones competitivas.

Como nuestro amigo Eric Liu de Citizen University dice a menudo: "No necesitamos menos polémicas en este país. ¡Necesitamos mejores argumentos!"

HÁGALO REAL

Estimados Ed y Julia:

Soy el vicepresidente de un gran banco regional con más de 1,000 empleados. Hace unos años, el equipo ejecutivo decidió adoptar un programa de DEI (diversidad, equidad e inclusión). Desde entonces, la compañía ha sido reconocida con numerosos premios de la comunidad por nuestra capacitación de DEI, que es una fuente de orgullo para muchos en nuestra empresa.

Pero aquí está la cosa: estoy notando que mucha gente no habla durante nuestros entrenamientos de DEI. Se desconectan, hacen el entrenamiento y hacen las cosas por inercia. Me preocupo profundamente por que la DEI progrese, pero no quiero que sea solo un tipo de cosa para marcar una casilla.

Y últimamente hemos tenido un empleado problemático. Es gerente y ha estado con la compañía durante muchos años. Tiene mucha credibilidad y autoridad. Se ha estado quejando del entrenamiento de DEI y se ha burlado abiertamente del mismo. Él publica memes sobre personas que están demasiado "despiertas" [woke] en los foros para mensajes de la compañía. Probablemente tendré que despedirlo si su comportamiento no cambia pronto, pero me preocupa que, de hacerlo, la gente pensará que nuestros esfuerzos de

DEI no están abiertos a la examinación y la crítica, lo que solo conduciría a más silencio y una mentalidad de solo marcar la casilla.

Hay tanta tensión guardada en estas cosas de la DEI. ¿Cómo navego por todo esto?

—Amara, a la espera de respuestas

Querida Amara:

Gracias por defender una causa tan importante en su empresa. Compartimos su compromiso con la DEI. Puede ser el tema más importante de nuestros tiempos.

Sí, esto está lleno de temperatura, tensión y conflicto. No podemos evitar esas cosas. El progreso requiere que enfrente, hable y explore su camino a través de los temas difíciles.

Nuestra experiencia es que los mejores esfuerzos relacionados con la DEI, los que realmente movilizan a otros para ejercer comportamientos más inclusivos y equitativos, crean entornos donde la discusión sólida es segura y celebrada. Aquí hay una interpretación a considerar:

Los esfuerzos de la DEI solían crear muy poca temperatura: celebraban nuestras diferencias, pero evitaban temas importantes como el privilegio y el racismo sistémico.

Ahora, algunos esfuerzos de la DEI, tal vez incluyendo a los de su empresa, pueden ser demasiado calientes, creando una reacción de lucha o de huida de muchos. Su empleado problemático podría representar la "lucha" y sus empleados silenciosos podrían representar la "huida".

Las personas no pueden aprender cuando están en modo de lucha o de huida. ¡Pero el progreso en la DEI requiere aprendizaje! ¿Ve el dilema? Para aprender se necesita una discusión vigorosa y sólida, donde las personas sean capaces y estén dispuestas a desafiar las ideas y considerar múltiples interpretaciones.

Por ejemplo, se necesita que las personas puedan cuestionar si contribuyen al racismo sistémico sin sentir que serán etiquetadas como racistas.

Grandes avances y mejores prácticas están surgiendo en el espacio de la DEI, pero todavía es un territorio nuevo para muchos. Hacer progresos en la DEI es un desafío adaptativo. No hay un manual de instrucciones exacto. Lo que funciona en su empresa puede ser diferente de lo que funciona en otra. La experimentación es clave. La presencia de un conflicto saludable, que aparece a través de una discusión sólida, auténtica y apreciativa, le dice que la temperatura está al nivel correcto.

19

En la zona productiva

Hemos cubierto mucho terreno hasta ahora en este libro. Separamos el liderazgo de la autoridad y aclaramos que la actividad de liderazgo está disponible para todos porque cada uno de nosotros tiene al menos una pequeña esfera de influencia. Hemos argumentado que las oportunidades para ejercer el liderazgo aparecen en pequeños momentos clave, y éstas nos llegan constantemente, a pesar de que la mayoría de nosotros aún no hemos aprendido a verlas y mucho menos aprovecharlas. Es difícil transformar un momento así en una intervención con impacto duradero. Hemos propuesto que progresemos en nuestros desafíos más difíciles cuando suficientes personas puedan ver estos momentos clave, tengan la valentía de aprovecharlos y tengan la habilidad para hacerlo con éxito.

El discurso de Martin Luther King Jr. "I Have a Dream" fue un ejercicio de liderazgo porque subió la temperatura en los estadounidenses de raza blanca, ayudándolos a enfocarse en la desigualdad en Estados Unidos de manera efectiva. Cinco años más tarde, después de que King fuera asesinado y la ira se desatara en la mayoría de las principales ciudades de Estados Unidos, Robert Kennedy bajó la temperatura en el centro de

Indianápolis al empatizar con aquellos que estaban a duelo y pedirles que canalizaran su energía en amor, oración y conexión en lugar de amargura, ira y odio. Aunque estos son ejemplos históricos y dramáticos, la necesidad de lo mismo, el aumento y la disminución de la temperatura, existe al interior de nuestras organizaciones, empresas y comunidades. Y no es necesario ser famoso o tener un puesto de alta autoridad para practicar, ver y aprovechar las oportunidades para subir o bajar la temperatura.

Es tentador pensar en el liderazgo como un poder mágico y ambiguo. No se trata de eso. En pocas palabras, usted está ejerciendo liderazgo cuando reconoce oportunidades para subir o bajar la temperatura para ayudar a un grupo a ser productivo en lo más importante.

La mayoría de las veces, la temperatura sube y baja alrededor de un desafío adaptativo sin mucha estrategia o intervención intencional. Así como la temperatura exterior fluctúa dependiendo de los patrones climáticos, también la temperatura sube y baja en relación con los problemas difíciles que enfrentan las organizaciones, las empresas y las comunidades.

Al igual que Ricitos de Oro y la comida que no estaba demasiado caliente, ni demasiado fría, pero ideal, un nivel óptimo de calor obliga a las personas a prestar atención al mismo desafío el tiempo suficiente para que ocurran cambios. Si no hay suficiente calor, no pasa nada. Demasiado calor, conflicto y drama cierran o hacen cortocircuito en las oportunidades hacia el progreso. El objetivo es ayudar a un grupo a permanecer en ese lugar óptimo entre demasiado calor y demasiado frío. Usted desea la temperatura perfecta para crear una insatisfacción útil con el estatus quo.

Es muy tentador creer que el progreso puede suceder sin incomodar a nadie. Esto simplemente no es posible en los desafíos adaptativos.

El progreso en los desafíos adaptativos es evolución, no revolución

Ron Heifetz y Marty Linsky eligieron la palabra *adaptativo* porque vieron que el progreso en nuestros problemas más difíciles requiere el tipo de adaptación que vemos en la naturaleza. Las especies que son capaces de adaptarse a entornos cambiantes sobreviven y prosperan. Lo mismo es cierto para grupos y organizaciones, comunidades y países.

Un chimpancé y un humano comparten el 98 por ciento del ADN. Así como en el proceso evolutivo cambia un poco el ADN de una especie, navegar con éxito un desafío difícil que enfrenta su organización no tiene que significar desechar todas las viejas formas de hacer las cosas. Se trata de mantener lo que funciona y deshacerse de lo que no funciona. Es evolución, no revolución. Los pequeños cambios a lo largo del tiempo importan.

La buena noticia es que, a diferencia de las especies que están evolucionando lentamente a nivel celular, podemos pensar en las adaptaciones que necesitamos. Por ejemplo:

- Un banco familiar con 100 años de antigüedad en el centro de la ciudad puede reconocer que debe adaptar su modelo tradicional para satisfacer las expectativas de los clientes o arriesgarse a perderlos.

- Un entrenador universitario de fútbol americano puede reconocer que su equipo debe adaptarse al estilo abierto de ofensiva que la mayoría de los otros equipos ejecutan en estos días.

- Un distrito escolar puede reconocer que debe adaptarse para dar servicio a un creciente número de personas que hablan inglés como su segunda lengua.

El cambio no sucederá a menos que usted suba la temperatura

Reconocer la necesidad de adaptarse es una cosa. Movilizar a la gente para que lo haga es otra. La temperatura tiene que ser lo suficientemente alta durante el tiempo idóneo para crear un cambio. Y recuerde, nadie tiene miedo incondicional al cambio. Si el cambio es bueno, lo tomaremos. Nos resistimos al cambio que conlleva pérdidas.

El banco que acabamos de mencionar se convirtió en un pilar corporativo en la ciudad utilizando esas prácticas tradicionales que fueron modeladas, enseñadas y transmitidas al interior de una familia durante generaciones. El entrenador de fútbol tiene un libro de jugadas y una filosofía sobre la práctica que es una combinación perfecta para la forma en que se practicaba el juego. Para invertir más en educación bilingüe, el distrito escolar tendrá que invertir menos en otra cosa.

Necesita temperatura para hacer este tipo de cambios. El nivel correcto de calor durante un período sostenido de tiempo alienta a las personas a tomar riesgos, despeja el camino para una adaptación con propósito y crea mejores formas de lograr su misión o asegurar sus resultados.

¿Por qué se necesita temperatura para el cambio?

- **La gente no cambia hasta que las cosas se ponen incómodas.** La mayoría no se alejará del estatus quo a menos que sea más difícil vivir con la realidad actual que hacer el trabajo necesario para crear una nueva.

- **La cantidad correcta de temperatura capta la atención de las personas.** Se sintonizan en lugar de desconectarse. Los desafíos adaptativos requieren que muchas personas hagan algo diferente para que se logre el progreso. Conseguir y mantener su atención es clave.

- **Las situaciones difíciles crean oportunidades para el aprendizaje.** El progreso en los desafíos adaptativos requiere aprender sobre cosas como su rol en el problema, los valores en conflicto y las pérdidas potenciales para usted y para los demás. Cuando no hay dificultades, tensión o frustración el aprendizaje profundo que es necesario simplemente no sucede. Las personas pueden aprender hechos y cifras sin mucho conflicto o tensión, pero el tipo de aprendizaje que conduce al cambio de comportamiento solo viene con la adversidad.

En su libro *The Art of Gathering*, Priya Parker alienta "la buena controversia". Ella fomenta procesos grupales saludables donde la temperatura es lo suficientemente alta como para ser "generativo en lugar de conservacionista". La buena controversia también es nuestra aspiración. El cambio duradero no puede ocurrir sin la misma.

La zona productiva del desequilibrio

Casi cada vez que enseñamos a un grupo sobre la temperatura o ayudamos a una empresa a pensar cuánta incomodidad es necesaria para generar un cambio duradero, compartimos un concepto llamado *zona productiva del desequilibrio*.

Lograr que las personas superen el *umbral del aprendizaje* es clave. Este es el nivel en el que las personas se sienten lo suficientemente incómodas con el estatus quo como para sentir curiosidad por lo que necesitan aprender y qué hábitos o comportamientos necesitan cambiar. Por debajo de ese umbral, las personas se mantienen ocupadas trabajando en cosas técnicas y evitando hacer el trabajo duro y adaptativo.

Mantener a las personas por debajo del *límite de tolerancia* también es clave. Una organización solo puede soportar mucho calor si no hay un daño duradero a las relaciones y la moral.

Entre el umbral del aprendizaje y el límite de tolerancia se encuentra la *zona productiva*. Usted sabe cuándo está allí. Aquí es donde ocurre el trabajo adaptativo. Está aprendiendo, trazando nuevos terrenos, involucrando a nuevas voces, y de vez en cuando, tiene la sensación, tal vez fugaz, de que juntos están progresando en el desafío al centro de su trabajo. Las personas comienzan a sentir una motivación compartida y se dan cuenta de que, al menos por el momento, tienen suficientes personas comprometidas haciendo el trabajo. Las personas están tomando medidas para cambiar sus propios hábitos y formas de trabajar y, al hacerlo, están ayudando a su sistema a adaptarse para aceptar con entusiasmo una nueva realidad. Está en la zona productiva cuando las personas adecuadas se preocupan lo suficiente como para hacer algo diferente. En este punto, mucha gente está involucrada. Su problema difícil se ha convertido en un desafío colectivo en camino hacia la solución.

Nos volvemos más productivos cuando todos lideran

Nuestra investigación y experiencia sugieren que el progreso tiene que ver con las acciones y el liderazgo de muchas personas en un grupo, organización o sistema. Un grupo entra y permanece en la zona productiva no porque un individuo (o incluso un equipo ejecutivo) esté ejerciendo el liderazgo, sino gracias al liderazgo de innumerables individuos, incluidos algunos cuyas intervenciones para subir la temperatura o mantenerla en la zona productiva no se reconocen.

Es como hacer surfing en multitudes, esa actividad loca de personas acostadas en la parte superior de docenas o cientos de brazos extendidos, a menudo en las gradas de los juegos de fútbol americano universitario o en conciertos. Debido a que hay tantas manos involucradas, es un trabajo ligero.

Cuando todos lideran, permanecemos en la zona productiva por más tiempo, construyendo tolerancia para que podamos lidiar con puntos de vista contradictorios sobre temas importantes y progresar. Cuando todos lideran, la carga de entrar y permanecer en la zona productiva es compartida por muchos, no por unos pocos.

Las organizaciones y las comunidades tendrán más éxito cuando empoderemos y equipemos a las personas en todos los niveles con las habilidades para desafiarse y apoyarse mutuamente para permanecer en la zona productiva. Cuando la multitud carga el trabajo del liderazgo, muchas manos hacen un trabajo más ligero y los desafíos difíciles se ven y se resuelven mejor y más rápido.

HÁGALO REAL

Estimados Ed y Julia:

No creo que el conflicto deba ser parte de mejorar las cosas. Permítanme darles un ejemplo de mi iglesia. Estamos pasando por muchas transiciones. Personas clave han dejado la iglesia después de desacuerdos sobre cuán involucrados debemos estar con los problemas raciales y si debiéramos tener ministras mujeres o no. ¡Y ahora ustedes están diciendo que necesitamos más conflictos para hacer el trabajo adaptativo! Pero ¿el trabajo adaptativo realmente tiene que significar tensión y conflicto? Estoy tan cansada de estar en desacuerdo con la gente. ¡Por favor, díganme que hay otra manera!

—Andie, que ya no quiere que nadie se enoje

Querida Andie:

Lamentamos que haya pasado por un momento tan difícil. Ésta es la situación: la zona productiva, aunque difícil, se siente bastante bien. Es cuando está "en la zona" como dicen algunos artistas y atletas. No tiene que ver con la ausencia del conflicto, sino con el buen conflicto. No es fácil, pero vale la pena. Es una experiencia que le deja sintiéndose cansado, pero optimista.

Nos parece que el conflicto y la tensión por los que ha estado pasando no han sido productivos. ¿Tal vez las cosas se han calentado demasiado?

Puede compartir el diagrama de la zona productiva con otras personas en la iglesia y preguntar dónde creen que están todos ustedes. Haga que otros se concentren en la temperatura. Anímelos a aprovechar pequeños momentos clave para liderar. ¡Juntos, encontrarán su camino!

Parte cinco

Todos pueden liderar

abiendo llegado hasta aquí en este libro llamado *Cuando Todos Lideran*, esperamos que esté con muchas ganas, ansioso por ejercer más liderazgo donde vive, trabaja o es voluntario. Y es posible que se pregunte cómo ayudar a otras personas a ver y aprovechar sus oportunidades para liderar.

Incluso después de reconocer La Brecha, comprender las barreras para progresar en desafíos difíciles y adaptativos, y reconocer la necesidad de obtener el calor en la zona productiva, es posible que se pregunte: "¿Por dónde empiezo?"

Los siguientes cuatro capítulos responden a esa pregunta. Siga leyendo para aprender cómo:

- Hacer preguntas eficaces.
- Hacer múltiples interpretaciones.
- Actuar experimentalmente.
- Hacer que el liderazgo sea menos riesgoso para los demás.

20

Todos pueden hacer preguntas eficaces

Es tentador pensar que el liderazgo es un superhéroe que salva el día, un presidente moviendo a una nación a la acción, un capitán que lleva a un equipo hacia la victoria.

Esa mitología del "líder como salvador" centra nuestra atención en las personas que están a cargo, deseando y esperando que resuelvan el problema, enderecen el barco, mejoren las cosas. Si somos nosotros los que estamos a cargo, la mentalidad de "líder como salvador" nos aleja de involucrar a otros en la resolución de problemas y nos impulsa hacia tomar soluciones rápidas sin tener un diagnóstico profundo de la situación.

El diagnóstico se alimenta de preguntas. Las buenas preguntas generan mejores interpretaciones y conducen a mejores intervenciones. Las buenas preguntas a veces elevan la temperatura y a veces hacen maravillas para bajarla y mantener a los grupos en la zona productiva.

Albert Einstein dijo la famosa frase: "Si tuviera una hora para resolver un problema y mi vida dependiera de ello, usaría los primeros 55 minutos para identificar las preguntas adecuadas por hacer".

Hacer preguntas es una habilidad de liderazgo disponible para cualquier persona. Es una de las formas más simples (aunque no siempre fáciles) para que las personas sin autoridad ejerzan el liderazgo. Tomemos estos ejemplos:

- Un joven profesional, después de participar en una reunión de tres horas que cubre docenas de temas, se reúne con su gerente y le pregunta: "De todos los temas que acabamos de discutir, ¿cuál es el más crítico para nuestro éxito el mes próximo? Estoy confundido acerca de cómo encaja todo esto". Esa pregunta no cambiará el mundo, pero podría ayudar al gerente a darse cuenta de que las personas se preguntan dónde deben enfocarse.

- Una pequeña empresa ha ido perdiendo clientes. En una reunión con el personal, un empleado pregunta: "¿Qué historia podrían contar nuestros clientes sobre nosotros y en qué se diferencia de la que nos contamos a nosotros mismos?" Esa pregunta podría provocar una introspección bastante importante para un negocio en dificultades.

- Un maestro de matemáticas no nota evidencia de que el personal de la escuela sienta preocupación, a pesar de los principales desafíos, como un porcentaje creciente de estudiantes de familias empobrecidas. Al comienzo de una reunión con el personal, el maestro pregunta: "¿Cuál sería un buen resultado para esta reunión y cómo eso está conectado a nuestros mayores desafíos?" Esa pregunta podría empujar al grupo a ser más propositivo.

- Dos amigas que trabajan en la misma organización salen a almorzar. Una comparte lo frustrada que está con su jefe. La otra empatiza, pero en lugar de avivar las llamas del descontento, pregunta: "¿Cuál es el desafío más importante de tu equipo en este momento?" y "¿Dónde crees tú que tu jefe se siente estancado?" Estas preguntas podrían cambiar la actitud de la amiga de sentirse frustrada a sentir curiosidad, ayudándola a poner al desafío (no a la persona) en el centro de su trabajo.

¿Qué hace que una pregunta sea eficaz?

Las preguntas eficaces invitan a las personas a explorar múltiples perspectivas. Las preguntas que esclarecen los desafíos adaptativos no son las mismas que las que un abogado usaría para interrogar a un testigo. Estas preguntas no están tratando de encasillar a alguien o probar un punto. En cambio, son abiertas, provocan reflexión y rara vez se pueden responder con una sola palabra. Conducen a la curiosidad y al descubrimiento. Piense en cómo comenzamos este libro alentándole a plantear preguntas como estas: "¿Cuáles son sus mayores aspiraciones?" y "¿Qué es lo que más le preocupa?"

Cuando está tratando de progresar en un desafío de liderazgo, las preguntas eficaces pueden ayudarle a:

- Crear consenso sobre el desafío del liderazgo.

- Identificar quién se ve más afectado por el problema (y, por lo tanto, quién necesita comprometerse para resolverlo).
- Explorar perspectivas.
- Comprender las causas fundamentales.
- Aclarar el propósito colectivo.
- Abrir mentes a enfoques alternativos.
- Ayudar a otros a ver las oportunidades para ejercer el liderazgo.
- Aumentar la temperatura en grupos grandes, en reuniones de equipo y en conversaciones individuales.
- Exponer barreras tácitas, valores compartidos o grandes aspiraciones.

Secuencia de preguntas eficaces

Cuando se ejerce el liderazgo en un desafío desalentador, existela habilidad para saber qué tipo de preguntas hacer y cuándo. En general, desea hacer preguntas que impulsen más curiosidad y descubrimiento temprano en conversaciones o proyectos. Más tarde, querrá hacer preguntas que conduzcan a la acción, la experimentación y el compromiso.

Al comienzo de una conversación o proyecto, haga preguntas como estas:

1. ¿Cuál sería un buen resultado para esta conversación (reunión, proceso, etc.)?
2. ¿Qué es lo más importante para usted sobre este tema?
3. ¿Qué diría alguien con creencias muy diferentes a las de nosotros sobre esto?
4. ¿Cuál es nuestra intención aquí?

5. ¿Cuál es nuestro propósito más profundo?

6. ¿Qué aspecto vale la pena nuestro mayor esfuerzo?

En medio de una conversación o proyecto, haga preguntas como estas:

1. ¿Qué sabemos hasta ahora y qué es lo que aún tenemos que aprender?

2. ¿Qué suposiciones necesitamos probar o desafiar?

3. ¿Qué está tomando forma?

4. ¿Qué estamos escuchando por debajo de la variedad de opiniones que se han estado expresando?

5. ¿Qué nuevas conexiones estamos haciendo?

6. ¿Qué falta?

7. ¿Qué es lo que no estamos viendo?

8. Si hubiera algo que aún no se ha dicho, ¿que sería?

Al final de una conversación o proyecto, haga preguntas como estas:

1. ¿Cómo vamos a experimentar?

2. ¿Qué es posible aquí y qué tan comprometidos estamos?

3. ¿Cómo se vería el progreso?

4. ¿Cómo podemos apoyarnos mutuamente para dar los próximos pasos?

5. ¿Qué contribución única podemos hacer cada uno de nosotros?

6. A medida que avanzamos, ¿qué desafíos podrían surgir en nuestro camino?

7. ¿Cómo afrontaremos esos desafíos?

8. ¿Qué significará apegarse a un propósito?

No siempre es fácil hacer una pregunta eficaz

Hacer preguntas eficaces es una maniobra de liderazgo que está disponible para cualquiera de nosotros, sin importar nuestro puesto en una organización o comunidad. Pero eso no significa que siempre sea fácil. Cosas (incluyéndonos a nosotros mismos) pueden interponerse en el camino. A medida que comience a hacer preguntas eficaces, recuerde:

- **Debe querer genuinamente ayudar a otros a participar en un trabajo difícil.** Si lo que más le preocupa es obtener información para usted, entonces sus preguntas serán egoístas. Preguntará cosas como "¿Cuándo comienza la reunión?" "¿Se supone que debo estar allí?" y "¿Qué tenemos que hacer antes de llegar allí?" Es posible que realmente necesite saber las respuestas a esas preguntas, pero se tratan de usted y no de los demás. El liderazgo tiene que ver con movilizar a otros. Sus preguntas deben ser útiles. Necesitan inspirar a otros a pensar o involucrarse de manera diferente en torno a un desafío.

- **No exagere el riesgo de hacer una pregunta.** El liderazgo siempre es arriesgado, pero hacer una pregunta eficaz es una de las acciones menos arriesgadas que puede tomar. Las preguntas sugieren una dirección para la discusión e invitan a las personas a la zona productiva. Puede estar fuera de la norma del grupo que alguien como usted haga preguntas eficaces, pero el riesgo es a lo mejor mínimo, especialmente si elige el tipo correcto de pregunta adecuada para aquel momento. Exagerar el riesgo involucrado es una de las formas en que nos desconectamos.

- **Resista las preguntas "retóricas".** Los políticos recurren con demasiada frecuencia a las preguntas retóricas. Ejemplo tonto: "¿Preferiría votar por mi oponente que quiere aumentar sus impuestos, quitarle a su perro y hacer que la venta de chocolate sea ilegal o por mí?" Las preguntas retóricas no están diseñadas para ayudar a un grupo, sino para avergonzar o arrinconar a alguien. Cuando se trata de problemas acalorados, puede ser natural tener un punto de vista muy firme. Compartir ese punto de vista puede estar bien. Debatir también está bien. Pero aquellos que ejercen el liderazgo encuentran formas de manejarse a sí mismos, mantener sus emociones bajo control y construir relaciones a través de las divisiones. Las preguntas curiosas, abiertas y atractivas le ayudan a manejar sus propias emociones y proporcionan un camino para que otros manejen las suyas. Las preguntas retóricas hacen lo contrario.

- **Evite las "preguntas sugestivas".** Esto tiene que ver cuando su pregunta es realmente una sugerencia. Si usted tiene una sugerencia, hágala. Pero no finja que es una pregunta. "¿Alguna vez ha pensado en...?" y "¿Qué pensaría de la idea de...?"? son sugerencias disfrazadas de preguntas. Las preguntas eficaces provienen de un lugar de curiosidad. Están motivadas por el deseo de ayudar a un individuo o grupo a acceder a su propia creatividad y encontrar su camino a seguir.

- **Libérese de la necesidad de hacer la pregunta perfecta.** Un amigo nuestro estaba en medio de una discusión tensa y demasiado acalorada cuando, sin saber qué hacer, miró nuestra lista de "preguntas en medio de una conversación o proyecto". Levantó la voz y lanzó la primera pregunta que le llamó la atención: "¿Qué suposiciones necesitamos probar o desafiar?" La gente respiró hondo colectivamente. La discusión subsiguiente bajó de temperatura justo ante sus ojos. No hay una pregunta perfecta. Casi cualquier pregunta abierta de nuestro amigo en esa reunión habría tenido el mismo efecto de bajar la temperatura.

- **Use el silencio.** Cuando plantee una pregunta abierta, tenga cuidado de no apresurarse a responderla usted mismo. Use el silencio. Deles tiempo a las otras personas para reflexionar. Deje espacio para que una pregunta eficaz aterrice en el corazón o el intestino y pueda generar energía para el trabajo adaptativo.

Es interesante ¿no es así?, cómo se hacen pocas buenas preguntas en las organizaciones. La mayoría de nosotros pasamos días sin escuchar una pregunta genuinamente curiosa. Mantener a un grupo en la zona productiva es trabajo de todos. La temperatura se mantiene lo suficientemente alta cuando suficientes personas en un sistema u organización están preparadas para hacer preguntas que valen la pena. El liderazgo se trata de ver y aprovechar las oportunidades. La forma más sencilla de hacerlo puede ser notar qué pregunta ayudaría a impulsar al grupo hacia adelante en este momento.

Tener muchas personas en su organización expertas en hacer preguntas eficaces es como desplegar un ejército de entrenadores ejecutivos. Todos harán preguntas eficaces que ayudarán a los compañeros, a los subordinados directos e incluso a los supervisores a ver y aprovechar más oportunidades para liderar. Cada vez que alguien hace una buena pregunta, hace su parte para construir una cultura donde todos lideran.

HÁGALO REAL

Estimados Ed y Julia:

Soy voluntario en un banco de alimentos. Los fundadores dirigen todo con la ayuda de unos pocos voluntarios como yo. El banco ha hecho un buen trabajo para ayudar y proteger a los miembros de la comunidad durante los tiempos difíciles. Pero nunca se ha hecho mucho por involucrar a las personas más allá de esos fundadores y sus amigos. El banco podría tener más impacto si tuviéramos más apoyo de la comunidad. La respuesta son las asociaciones y he trabajado para conectar al banco con otras organizaciones enfocadas en poner fin a la inseguridad alimentaria. Nadie ha hecho nada con mis ideas y últimamente he estado lidiando con la duda de si estará bien compartirlas. ¿Qué piensan?

—Vicente, el voluntario

Querido Vicente:

Intente cambiar su enfoque de promotor de ideas a creador de preguntas. Interésese por lo que cada uno de los fundadores quiere para las personas a las que sirve. Haga preguntas que los inviten a articular sus sueños sobre cómo el banco podría tener más impacto. No espere reuniones u oportunidades formales. Haga preguntas durante los turnos de voluntariado y cuando encuentre personas en la ciudad.

Libérese de la presión de hacer que los fundadores vean que las asociaciones son el camino por seguir. Estructure las preguntas que les ayudan a reconectarse con por qué comenzaron el banco de alimentos en primer lugar. Pregúnteles su opinión sobre las mayores barreras para eliminar la inseguridad alimentaria en su comunidad. Tal vez sus preguntas los lleven a esa idea o tal vez inspire un enfoque diferente, pero mejor.

21

Todos pueden hacer interpretaciones múltiples

La forma de pensar sobre un problema determina cómo tratamos de resolverlo. Al cambiar o evolucionar nuestro pensamiento podríamos descubrir formas de progresar más. Imagine estas situaciones:

- Un estudiante de séptimo grado llega habitualmente tarde a la escuela. Su madre soltera, agotada de hacer malabares con dos trabajos y criar a tres hijos, piensa que su hijo no se despierta lo suficientemente temprano. Ella le compra un despertador y lo regaña por no despertarse antes. Pero ¿qué pasa si él está siendo intimidado en el pasillo antes de que comience la escuela? El despertador y los regaños no ayudarán en esta situación.

- El propietario de una pequeña empresa sigue perdiendo empleados y piensa que es por la crisis económica. Sabiendo que no puede controlar la economía en general, sigue quejándose y buscando nuevos empleados. Pero ¿qué pasa si la cultura del lugar de trabajo es tóxica o poco inspiradora? Un cambio económico no solucionará esto.

- Un partido político gana a lo grande en una elección solo para perder desastrosamente en la siguiente. El presidente del partido está seguro de que es porque el partido de la oposición utilizó un tema de división cultural para agitar a los votantes. El presidente publica puntos de discusión para los miembros del partido: El tema de la división no es realmente un problema; todo es fantasía. ¿Qué pasa si la causa raíz de la gran derrota es que el partido está perdiendo su conexión con los votantes habituales? Esos puntos de conversación no ayudarán.

Cada esfuerzo de liderazgo comienza con la recopilación de información. La madre escuchó de la escuela que su hijo siempre llega tarde. El dueño del negocio vio que los empleados estaban renunciando. El presidente del partido no pudo evitar notar los desastrosos resultados electorales.

Y en la mayoría de los casos, con solo unas pocas observaciones, hacemos una interpretación sobre lo que está sucediendo. La madre decide que el niño está durmiendo demasiado. El dueño del negocio decide que es culpa de la economía. El presidente decide que la división cultural es el único problema del partido.

Por lo general, nuestra interpretación rápida justifica una respuesta relativamente fácil, carente de cualquier diagnóstico profundo. La mamá regaña y compra un despertador. El dueño del negocio se queja y contrata nuevos empleados. El presidente del partido envía puntos de discusión y luego regresa a sus asuntos como de costumbre.

Por lo tanto, nuestras acciones se remontan a nuestras interpretaciones y éstas se remontan a nuestras observaciones. Constantemente y a menudo pasamos inconscientemente por estas etapas.

Cuando el desafío es complejo, necesitamos un liderazgo que ayude a otros a pasar por estas etapas varias veces.

Vaya más allá de su primera idea

Un requisito previo para el progreso es pensar en el problema de manera diferente. El hacer más observaciones genera más interpretaciones y más acciones posibles. Revisemos nuestros tres ejemplos una vez más:

* ¿Qué pasa si esa mamá también observa que, de hecho, siempre llegan a la escuela 10 minutos antes de que comiencen las clases, pero su hijo se pone inquieto y nervioso en el auto hasta que cierto grupo de niños entra al edificio? Ella podría comenzar a preguntarse si llegar tarde es una forma de evitar algo incómodo en la escuela por la mañana.

- ¿Qué pasa si el dueño de ese negocio también observa que los nuevos empleados se ven sujetos a chismes y un trato poco amable por parte del personal titular? Podría comenzar a preguntarse a sí mismo si además de contratar nuevo personal, tendrá que deshacerse de algunos de los antiguos empleados.

- ¿Qué pasa si el presidente del partido observa que una serie de cosas que el partido está impulsando están resultando impopulares y que el tema de la división por sí solo no podría explicar el giro negativo? Esos puntos de conversación sobre el "problema de la división" podrían ir acompañados de otras acciones para averiguar qué está pasando.

Alentamos a las personas a ir más allá de sus primeras interpretaciones para generar otras que apunten hacia pasos de acción más difíciles de ejecutar. Si usted se encuentra resistiéndose a cierta interpretación porque abordarla implicaría una pérdida o incomodidad, probablemente haya descubierto algo importante. Las interpretaciones más duras son las que tienen más probabilidades de conducir a un progreso duradero en nuestros problemas más difíciles.

Cuando involucra a un grupo para que considere múltiples interpretaciones difíciles, los está invitando a considerar versiones contradictorias de la verdad, no para que puedan actuar en cada una de ellas, sino para que puedan elegir aquellas interpretaciones que valen la pena explorar más a fondo.

Julia estaba asesorando a un grupo de personas de diferentes departamentos en una gran universidad. El mayor desafío que enfrentó el director del centro de tecnología de información fue completar una actualización de software en toda la universidad que se había postergado (le daba vergüenza decirlo) durante años. Uno de los muchos problemas arraigados en el desafío mayor fue que un puñado de profesores se negaban a abandonar su antiguo software de Word y unirse a todos los demás en el siglo veintiuno. Mientras escuchaba a sus compañeros hacer el diagnóstico de su desafío, el director de tecnología de repente vio que se había aferrado a una interpretación poco útil: que el comportamiento de los profesores era un ataque personal contra él, que no les gustaba ni confiaban en su equipo y estaban aprovechando esta oportunidad para demostrarlo. Una vez que el director de tecnología consideró otras interpretaciones (por ejemplo, que los profesores valoraban su dominio actual de la tecnología antigua más de lo que apreciaban la necesidad de actualizarla), entendió que él era parte del problema al tomar ese rechazo personalmente. Habiéndose implicado él mismo, una serie de nuevas opciones hacia la acción aparecieron.

Cuando el desafío es adaptativo, necesitamos que todos ofrezcan interpretaciones difíciles

Una interpretación de una sola persona no funcionará cuando el desafío es adaptativo. Para resolver nuestros problemas más difíciles, necesitamos diversos puntos de vista e interpretaciones múltiples. Alentar a otros a brindar más datos e imaginar más explicaciones de lo que está sucediendo es un ejercicio de liderazgo.

Durante la década del 1960, el presidente Johnson insistió en que la mejor manera de ayudar a los menos favorecidos y marginados en el país sería declarar una "guerra contra la pobreza". El tema era de gran interés para él y creía apasionadamente en la causa. La película *Selma* representa maravillosamente una escena en la Casa Blanca donde Martin Luther King Jr. interrumpe el pensamiento del presidente Johnson. Johnson rechaza cortésmente la solicitud de King de una legislación de derechos civiles y en cambio, le dice que la guerra contra la pobreza es la mejor manera de ayudar a las personas marginadas en Estados Unidos. King ofrece una interpretación más dura: hasta que los afroamericanos tengan acceso completo a las urnas, las medidas contra la pobreza no ayudarán. Es un momento profundo en su relación y en el movimiento de derechos civiles de la década de 1960. Finalmente, Johnson acepta y los dos impulsan con éxito la legislación de derechos civiles para convertirla en ley.

¿Por qué es complicado ofrecer interpretaciones múltiples difíciles?

Pocos de nosotros tenemos la confianza, la valentía y disciplina de Martin Luther King Jr. Cuatro cosas se interponen en el camino de hacer más interpretaciones, más difíciles:

1. **Falta de compromiso.** Es posible que pensemos que no es nuestro trabajo cuestionar la forma en que nuestra organización, departamento o empresa piensa acerca de un problema, especialmente si tenemos poca autoridad en el sistema. Incluso si tenemos un propósito claro y una buena

oportunidad para mejorar las cosas, nos quedamos callados en lugar de reunir la valentía suficiente para hablar.

2. **Es arriesgado.** Sugerir a otros el considerar más opciones es sugerir que no han pensado en la situación con claridad. (¡Ellos en realidad no lo han hecho!) Lo ideal sería que ellos agradecieran su aportación. Pero podrían exasperarse ante lo que ven como una corrección.

3. **Requiere que recopilemos muchos más datos.** Tenemos que bajar la velocidad y pensar más acerca de lo que está sucediendo en esta situación. Tenemos que mirar el día a día y echar un buen vistazo a nuestro alrededor. Tenemos que hablar con otras personas y tratar de ver las cosas a través de sus ojos.

4. **Tenemos que estar dispuestos a equivocarnos.** El punto de hacer interpretaciones múltiples no es encontrar la explicación correcta o perfecta. El punto es hacer interpretaciones que valgan la pena considerar, que revelen complejidades y oportunidades potenciales para el cambio. Tenemos que estar dispuestos a expresar ideas a medias.

¿Qué puede ser posible cuando más personas ofrecen interpretaciones múltiples difíciles?

Cuantas más personas ofrezcan interpretaciones difíciles, los grupos permanecerán en la zona productiva por más tiempo. Es una forma de prevenir que la gente evite hacer el trabajo y mantener a las personas enfocadas en un desafío grande.

Una cultura que valora las interpretaciones difíciles reduce el pensamiento grupal. La gente tiene permiso de sugerir formas alternativas de ver las cosas. Se sienten obligados a ayudarse mutuamente a ver el panorama completo. Cuando las personas se desafían regularmente entre sí para encontrar diferentes explicaciones a un problema, es menos probable que su equipo se alinee ciegamente tras el camino equivocado a seguir.

HÁGALO REAL

Estimados Ed y Julia:

Trabajo en el gobierno local y estoy organizando una próxima reunión para discutir el desafío de crear una comunidad libre de discriminación, racismo e injusticia. El ímpetu para la reunión fue la publicación de un informe exhaustivo (¡y provocador!) que detalla docenas de problemas comunitarios (personas sin hogar, crimen, educación, riqueza, salud, etc.) desglosados por raza.

Históricamente, el gobierno de nuestra ciudad tiende a huir de discusiones como éstas, y los jefes de los departamentos señalan rápidamente que siempre tratan a todos por igual en la ciudad. Pero estos nuevos datos cuentan una historia diferente.

La reunión dura sólo 90 minutos. Asistirán varias partes interesadas de la comunidad junto con jefes de departamentos de todo el gobierno de la ciudad. Sé que no podemos resolver todos los problemas de discriminación y racismo en 90 minutos, pero quiero que esta reunión sea productiva. ¿Algún consejo?

—Isabel, que está incitando a las interpretaciones

Querida Isabel:

Parece que tiene una gran oportunidad para ayudar al grupo a generar múltiples interpretaciones sobre un tema crítico. Piense en el informe como un gran conjunto de observaciones sobre su comunidad. Pase la mayor parte de la reunión pidiendo al grupo que ofrezca múltiples interpretaciones de los datos en el informe.

Hágale saber a la gente que no está buscando un consenso grupal. Usted está buscando un diagnóstico profundo; está tratando de ayudar a todos a dar sentido a los datos desde diferentes perspectivas. Empuje a las personas a estar abiertas a interpretaciones múltiples. Use un lenguaje como, "Una interpretación es... Otra interpretación es... Y otra interpretación es..."

Le animamos a que siga adelante y organice una segunda reunión. Deje claro que esta reunión es para el diagnóstico profundo (interpretaciones múltiples) y la segunda será para llegar a acciones iniciales (las llamamos experimentos) basadas en esas interpretaciones.

¡Gracias por asumir esta importante conversación!

22

Todos pueden actuar experimentalmente

Julia era actriz profesional. Ed incursionó en el teatro cuando era un joven adulto. Los juegos de improvisación y los ejercicios fueron un elemento básico de la formación profesional de Julia. Ed realizaba comedia de improvisación con un grupo de amigos una vez por semana durante un verano universitario. Si bien ninguno de nosotros estaba lo suficientemente preparado como para llegar a *"Who's Line Is It Anyway?"* tomamos buenas lecciones sobre liderazgo de nuestros días de improvisación.

Aprenderá mucho de usted mismo cuando se pare frente a una audiencia, sin un guion, y no tenga idea de qué decir o hacer a continuación. Todos los ojos están puestos sobre usted y el público espera que los haga reír. Es aterrador y liberador al mismo tiempo. Aprenda a mantenerse presente, escuchar profundamente y luego probar algo. Podría funcionar, lo que significa que podría ser divertido. Incluso si no es divertido, podría crear algo que permita a otra persona en el escenario a hacer algo divertido. O lo que sea que haga podría fallar por completo, terminando con un gran silencio a su alrededor. Pero incluso entonces, el fracaso será de corta duración. Alguien intentará otra cosa, el público se reirá y la obra continuará. Solo necesita seguir probando cosas, trabajando con sus compañeros y experimentando su camino hacia la risa estridente.

La comedia de improvisación es un arte experimental. El liderazgo también es un arte experimental. Al igual que con la improvisación, no se puede estar seguro de lo que funcionará. Lo que hizo que la gente se riera anoche podría no funcionar esta noche. Lo que funcionó para movilizar a las personas en torno a ese desafío el mes pasado podría no funcionar con el desafío al que se ve enfrentado este mes.

La comedia de improvisación exitosa requiere un flujo constante de participación por parte de los compañeros, chistes graciosos, un buen uso del silencio, momentos sorprendentes, etc. Podríamos decir que una serie de experimentos lleva a las personas a la zona productiva del "humor". Los actores saben que necesitan mantener a la gente en esa zona, pero lo que funciona será diferente noche a noche, momento a momento. Conseguir y mantener a la gente en la zona requiere que cada actor experimente. A veces, los miembros de la audiencia también experimentan, ofreciendo temas y sugerencias para escenas, ocasionalmente incluso uniéndose a los actores en el escenario.

El progreso en los desafíos adaptativos requiere un flujo constante de personas que vean su momento para brillar, saltar al escenario y hacer avanzar al grupo. Con el liderazgo, al igual que la improvisación, aprovechar los momentos clave es siempre un experimento. Con la improvisación, no sabe si una broma funcionará hasta que la ponga a prueba. Con el liderazgo, no sabe si su acción tendrá un impacto hasta que la intente.

Cultive una cultura de experimentación

Usamos mucho la palabra *experimento* en nuestro trabajo. La usamos para referirnos a una acción, actividad, proyecto o iniciativa emprendida con la esperanza de avanzar en un desafío difícil. La palabra tiene sentido porque nadie sabe exactamente cómo resolver un desafío adaptativo. Por lo tanto, todo es un poco como un experimento.

El trabajo adaptativo requiere de experimentos múltiples y sucesivos. Un solo experimento rara vez, o nunca, es suficiente para resolver (o hacer un progreso duradero en) un desafío adaptativo. Es por eso que hablamos de actuar experimentalmente y cultivar una mentalidad experimental. En una cultura en la que todos lideran, las personas a todo nivel adoptan una mentalidad experimental.

Actuar experimentalmente es especialmente útil por tres razones:

1. **Los experimentos contribuyen al diagnóstico profundo de un desafío.** Al ejercer el liderazgo, experimenta no para resolver el problema que se presenta, sino para aprender más sobre el problema, cómo la gente se siente al respecto, qué está frenando el progreso, etc. Todo ese aprendizaje, que llamamos *diagnóstico profundo*, eventualmente conducirá a intervenciones poderosas para estimular el progreso en el tema pendiente. Es como una científica al principio de su carrera luchando contra un nuevo virus. Todavía no sabe mucho sobre el virus, qué es o cómo funciona. Al principio, sus experimentos se centran simplemente en aprender más. Después, ella enfoca sus experimentos posteriores en encontrar soluciones.

2. **Los experimentos ayudan a definir posibles soluciones.** Los experimentos también son necesarios para probar posibles soluciones. Cuando el desafío es adaptativo, no sabemos exactamente qué funcionará. Ejecutar experimentos, probar muchas cosas a la vez, es una forma productiva y eficiente de descubrir lo que podría funcionar. Cuando la pandemia irrumpió en marzo del 2020, KLC lanzó una serie de experimentos en unos pocos días, probando nuevas formas de ofrecer valor a nuestros socios y clientes. La diversidad de esos experimentos nos ayudó a aprender lo que funcionaba, lo que no funcionaba y lo que necesitaba más de nuestra atención.

3. **Los experimentos consiguen y mantienen a un grupo en la zona productiva.** Algunos experimentos son menos sobre el contenido de su problema y más sobre la forma en que su grupo trata de resolver el problema. Una empresa podría experimentar con pedirle a un grupo de trabajo que se vaya durante una semana a trabajar en un problema. Un equipo podría experimentar con una nueva forma de llevar a cabo sus reuniones, con la esperanza de generar una discusión más sólida en lugar de informes mundanos. Un extrovertido podría experimentar al no hablar primero, probando si eso crea espacio para que otros se involucren.

Los desafíos más complejos y arraigados requieren que las personas actúen experimentalmente a lo largo de generaciones. Por ejemplo, en las siete décadas previas a la aprobación de la 19ª Enmienda a la Constitución de los Estados Unidos, los partidarios del derecho al voto de las mujeres celebraron convenciones, redactaron resoluciones y aprobaron leyes a nivel estatal. Cada uno de estos movimientos fue un experimento diseñado para progresar en el gran y abrumador desafío adaptativo. Mujeres activistas marcharon. Fueron abucheadas y golpeadas, pero su acción hizo avanzar el desafío. Votaron ilegalmente y permitieron ser arrestadas, y sus experimentos llamaron la atención sobre la causa. Algunas personas experimentaron bajo el calor intenso del escrutinio público, mientras que innumerables otras intentaron todo para cambiar las mentes de los más cercanos y lograr que los representantes electos votaran a su favor. A veces las partidarias del voto femenino se mantuvieron unidas y otras veces sus experimentos las separaron.

Incluso con la ratificación de la 19ª Enmienda el 26 de agosto de 1920, la necesidad de experimentar continuó. Las mujeres indígenas estadounidenses no obtuvieron el derecho al voto hasta la década del 1950 y muchas mujeres negras no pudieron participar en las elecciones hasta la promulgación del Voting Rights Act de 1965. El progreso en nuestros desafíos más difíciles lleva vidas enteras y un cambio duradero significa multitudes que actúan experimentalmente, una intervención, mucho aprendizaje y un poco de progreso a la vez.

Cuando todos lideran, todos actuamos experimentalmente

Al igual que un teatro de improvisación necesita que todos sus actores hagan pruebas con muchas ocurrencias, el progreso en los desafíos adaptativos requiere que muchas personas hagan su parte, realicen experimentos para mantener el calor en la zona productiva y hagan que el grupo avance hacia el éxito.

Sin embargo, es complicado. Va en contra de la mentalidad de querer una solución rápida. También es difícil aceptar que no todo lo que intentamos funcionará. Cuando adopta una mentalidad experimental, es como aceptar el fracaso. ¡Muchos de sus experimentos de liderazgo no funcionarán! Por eso los llamamos experimentos.

Actuar experimentalmente es arriesgado. Pero cuando suficientes personas en una organización, empresa o comunidad adoptan una mentalidad experimental, llegamos a un punto de inflexión. Los experimentos se convierten en un sello distintivo de nuestra cultura. Los riesgos inteligentes y el fracaso ocasional se convierten en la norma. Las personas respaldan los experimentos de los demás y se ayudan mutuamente a aprender.

No tiene que estar a cargo para adoptar una mentalidad experimental. Solo tiene que manifestarse creyendo que tiene toda la autoridad que necesita para ver una oportunidad en la que el liderazgo podría suceder, hacer algo, revisar cómo funcionó y partir desde allí. Lleve su mentalidad curiosa y experimental a cada reunión que podría ser más productiva, a cada grupo que necesita un impulso de energía y a cada relación con el potencial de un mayor significado. Así es como creará una cultura donde todos lideran.

HÁGALO REAL

Estimados Ed y Julia:

Estoy jugando con este nuevo modelo de liderazgo. Quiero experimentar. Pero necesito más ideas. ¡Ayuda!

—Lettie, la Junky del Liderazgo

Querida Lettie:

Gracias por escribirnos. Nuestra primera pregunta es: ¿qué está impulsando su deseo de experimentar? ¿Cuál es el cambio que quiere hacer en el mundo? Recuerde que el liderazgo siempre comienza con la aspiración de progresar en un desafío difícil. Una vez que haya identificado el desafío, un experimento simple pero valioso podría ser hablar con otras personas al respecto. ¿De quién es la perspectiva que le interesa? ¿Quién podría ver el desafío de manera diferente a como lo hace usted? ¿Quién tendría que desempeñar un papel en su esfuerzo de cambio? ¿Quién podría sentirse renuente a involucrarse (y por qué)?

Otra categoría de experimentos podría estar relacionada con hacerse oír: ¿Quién necesita escuchar su perspectiva sobre el problema? ¿Quién necesita saber cuánto le importa? ¿Quién podría responder a su invitación a contribuir con ideas y trabajar por el cambio?

Los experimentos no tienen que ser pomposos, pero siempre involucran a otras personas. Y pueden requerir que salga de su zona de confort. Encontrará una gran cantidad de ideas para experimentos en el libro de KLC, *Comienza Contigo*.

23

Hacer que el liderazgo sea menos riesgoso para los demás

Cuando alguien aprovecha con éxito una oportunidad para ejercer el liderazgo, lo que realmente está haciendo es bastante disruptivo. Con el tiempo, sus esfuerzos pueden ser recordados por querer cambiar el rumbo de todo un proyecto y preparar a un grupo para el éxito. Pero en ese preciso momento, es probable que muchos de los que lo rodean se resistirán a la interrupción. La gente rechazará las preguntas difíciles, percibiéndolas como ataques a su competencia. Rechazarán a la persona que se atrevió a cuestionar el enfoque estándar o la marginarán como castigo por hacer énfasis en los errores. Aquí hay algunos ejemplos:

- Un equipo de un proyecto frustrado ha pasado la mitad de su reunión regular quejándose de cómo el fulano de otro equipo está arruinando las cosas para la empresa. A medida que el reloj avanza en aquel tiempo que tienen para estar juntos, un compañero del equipo que ha estado callado durante la mayor parte de la reunión lanza una idea rápida:

"Bueno, hemos pasado la mitad de nuestra reunión quejándonos de los demás. ¿Qué tal si pasamos la próxima mitad hablando de nuestro rol como parte del problema?" Esa pequeña intervención interrumpe la conversación e incluso podría poner a los colegas a la defensiva.

- Una mesa directiva de una organización sin fines de lucro se ha acostumbrado a reuniones mensuales de una hora. Es tiempo suficiente para aprobar las actas y las finanzas y repasar algunas métricas clave, pero al menos una persona reconoce que nunca es tiempo suficiente para profundizar en las grandes preguntas que enfrenta la organización. Ese miembro de la mesa sugiere una sesión de estrategia de un día para profundizar en las cosas realmente importantes, generando inmediatamente dolores de cabeza y creando conflictos para otros miembros. Algunos miembros del personal también prefieren que la mesa se mantenga a distancia. Para esta organización, esta sugerencia ha sido disruptiva.

- Un equipo de baloncesto de la escuela secundaria no ha jugado a la altura de su potencial durante la primera mitad de la temporada. En una reunión de jugadoras convocada por el capitán, una jugadora del primer año señala que la mayoría del equipo hace el mínimo esfuerzo en las prácticas. Ella señala que pocas de las jugadoras llegan temprano o se quedan hasta tarde para trabajar en las habilidades individuales críticas para el éxito en el baloncesto. Ese comentario es disruptivo, poniendo en tela de juicio el compromiso individual de las jugadoras.

"Tómate todo el tiempo que necesites".

Todos estos ejemplos involucran a alguien que ve y aprovecha una oportunidad para intervenir con la esperanza de ayudar a su grupo a avanzar. El compañero de equipo, el miembro de la mesa directiva y el estudiante del primer grado están tomando un poco de riesgo. Están interrumpiendo el flujo y cambiando el tenor de la conversación. Van en contra de la norma. Se están abriendo a ser ignorados, ridiculizados o marginados por el grupo. Aprovechar incluso pequeños momentos clave para ejercer el liderazgo es arriesgado.

Cuando alguien cuestiona una norma o nombra un patrón potencialmente improductivo, aumenta la temperatura (al menos por un momento) y abre la puerta para que su grupo aprenda y evolucione. Si son parte de una cultura en la que todos lideran, es probable que las personas respondan favorablemente.

Pero si, como la mayoría de las empresas, organizaciones o comunidades, la suya aún no ha llegado al paraíso del liderazgo, donde todos están siempre listos para saltar inmediatamente a la zona productiva, la persona en su sistema que hace la interrupción necesitará algo de ayuda para que su intervención se mantenga.

Use su influencia o autoridad para proteger a las personas que aprovechan las oportunidades para liderar

En el ejemplo del equipo del proyecto frustrado, el apoyo al provocador podría provenir del líder del proyecto diciendo: "¡Buen punto! Tiene que haber alguna parte de este problema que sea nuestra. Vamos a trabajar en nosotros".

El presidente de la mesa directiva en nuestro segundo ejemplo podría ser el primero en aceptar la sesión de estrategia de un día de duración, subrayando el impacto que podría tener en la capacidad de la organización para cumplir con su misión. El presidente podría ayudar a otros a reconocer que esto será algo nuevo para todos y puede significar hacer algunos sacrificios personales para que se pueda programar.

El capitán del equipo podría agradecer a la jugadora del primer año por ser lo suficientemente valiente como para nombrar la necesidad de mejorar las habilidades y el trabajo en equipo. El capitán podría comprometerse a presentarse temprano para la práctica al día siguiente e invitar a otras a unirse.

Limite el riesgo y mantenga al grupo en la zona productiva

Aprovechar su influencia o autoridad para hacer que el liderazgo sea menos riesgoso para los demás aumenta y reduce la temperatura al mismo tiempo. Aumenta la presión para aquellos que prefieren ignorar un problema y al mismo tiempo, quita fuerza de cualquier intento por desacreditar o desapoderar al alborotador.

Usar su influencia o autoridad para apoyar y celebrar las disrupciones reduce la temperatura en situaciones en las que las personas podrían responder a una declaración provocadora con desdén, angustia o ira o desasociándose del alborotador.

El apoyo de alguien con autoridad es a menudo lo único que puede evitar que el alborotador pierda estatus o sea completamente condenado a la exclusión por el grupo. En los casos en que un miembro del equipo ve una oportunidad, pero la aprovecha torpemente, el respaldo de la autoridad muestra que no es el fin del mundo si su intervención de liderazgo no aterrizó de la manera que usted lo habría previsto. Si el jefe modela la curiosidad y el aprecio, otras personas tienen la oportunidad de reflexionar sobre sus emociones lo suficiente como para buscar valor en lo que el alborotador está ofreciendo.

Aquí hay dos ejemplos más de cómo una persona con autoridad puede intervenir para reducir la temperatura ayudar a las personas a escuchar con curiosidad y a asociarse con un alborotador para progresar en un desafío importante:

- Un joven profesional saca a relucir un tema difícil en una reunión de todo el personal. Lo hace de una manera torpe que hace sentir a la gente confundida y atacada. Cualquier persona con un puesto más alto de autoridad podría darse cuenta de lo que el joven está tratando de lograr y trabajar con él, frente a todos, para ayudar a esclarecer su intención. La persona con más experiencia podría decir: "Creo que veo a dónde vas con esto, Todd. Lo que estás entendiendo es que estamos, sin mala voluntad por parte de ninguna persona, ignorando a un socio clave porque tenemos miedo de lo que vamos a escuchar si comenzamos a hacer preguntas. ¿Estoy en lo correcto?" En este ejemplo, la persona con autoridad fortalece el intento de liderazgo de Todd mientras que reduce la temperatura a un nivel potencialmente productivo al asociarse con él para disipar cualquier confusión sobre su intención.

- Un trabajador social en una organización sin fines de lucro que aboga por la reforma de las sentencias de prisión invita a sus opositores a una reunión para ver si pueden encontrar un terreno en común. Hacen que los sectores en conflicto asistan, pero no han pensado en cómo estructurar la discusión para que ésta sea productiva. La reunión rápidamente se convierte en una discusión escandalosa. Otros miembros del personal están enojados por el retroceso. Aunque sería fácil para la persona en un puesto superior unirse a los que culpan al trabajador social, en cambio, la directora ejecutiva aplaude el esfuerzo y se culpa a sí misma por no proporcionar el tiempo y el espacio necesarios para pensar en un compromiso. Al proteger al trabajador social de las consecuencias negativas, la directora ejecutiva reduce la temperatura en el sistema y hace que todos concentren sus esfuerzos en el importante desafío de encontrar un enfoque para la reforma de las sentencias que satisfaga a la mayoría de las personas. La medida de la directora ejecutiva también deja en claro que las personas en su organización que asumen riesgos a nombre de un propósito en común no serán castigadas. En su lugar, se les animará a volver a intentarlo.

Cuando las personas que guían el barco están protegidas y son celebradas, es más probable que otros den un paso adelante e intervengan también.

Viva como Thomas

Fuimos bendecidos con un colega curioso y a veces enloqueci-
damente frustrante llamado Thomas Stanley. Comenzó en
KLC como un graduado universitario de 22 años con ninguna
experiencia profesional. Murió trágicamente en 2019 después
de 11 años maravillosos como colaborador clave de KLC.
Hablamos de él a menudo dentro de KLC y lo que emerge
constantemente es lo bien que Thomas modeló la idea de
liderazgo de KLC de *intervenir hábilmente,* y cómo nos mostró
a todos lo valioso que es tomar riesgos, ser provocador e
insistir en que otros hagan algo diferente. Thomas siempre
estaba interviniendo, elevando la temperatura, experimentando y tomando decisiones deliberadamente para hacer avanzar
a KLC. Algunos de los momentos que definieron su liderazgo
fueron tremendamente exitosos, ayudándonos a dar grandes
saltos hacia adelante. Sus otras intervenciones fueron
acertadas o fallidas. Algunas hicieron avanzar un poco las
cosas, otras no generaron progreso o impulso.

Thomas y Ed tenían una relación única. Como gerente general,
Ed reconoció el espíritu creativo y movilizador de Thomas y
quería que se liberara para ayudar a que KLC avanzara. Pero
también reconocía que algunos de los esfuerzos de Thomas
habían fracasado. Otros planes que tenía hubiesen frustrado
a la gente si hubiesen sido ejecutados como Thomas había
pensado ejecutarlos en un principio. Ed trabajó duro para
reducir los riesgos existentes para Thomas. Lo recompensaba
cuando sus ideas alcanzaron el oro y lo entrenaba en privado
cuando fallaba. Ed hizo que liderar fuera menos arriesgado

para Thomas y Thomas respondió a estos esfuerzos viendo y aprovechando las oportunidades donde podía usar su liderazgo. Por ejemplo, cuando algunos de nosotros estábamos satisfechos con llegar a 1,000 participantes al año, Thomas no lo estaba. Imaginó formas de ir mucho más allá y ahora trabajamos con más de 7,000 participantes al año.

Thomas tomaba riesgos todo el tiempo; cometió errores más notables que el resto de nosotros y, sin embargo, la gente lo vio ser promovido y celebrado. Ayudó a transmitir que KLC tenía una cultura donde todos lideraban, la expectativa de intervenir y guiar al barco cuando era necesario y que la disrupción era recompensada, no castigada. Thomas cambió para siempre a KLC y sigue siendo uno de los mejores ejemplos de un individuo que puso en práctica nuestras ideas de liderazgo.

Use su autoridad para hacer que el liderazgo sea menos riesgoso para los demás

Grandes cosas suceden cuando todos lideran. Pero solo desear que sea así para usted, para sus colegas y para sus vecinos y socios no lo convierte en realidad. Aquellos en puestos de autoridad pueden hacer estas tres cosas para que el ejercicio del liderazgo sea menos riesgoso para los demás.

- **¡No solo predique, enséñelo!** Invierta tiempo o dinero en desarrollar la capacidad de los miembros del equipo para ver y aprovechar momentos específicos donde hace falta liderazgo. Debe crear maneras formales e informales de ayudar a su gente a aprender las habilidades asociadas con el liderazgo en desafíos adaptativos. Inicie por compartir con todos una copia del libro *Comienza Contigo*. Este entra en gran detalle sobre cómo es el ejercicio del liderazgo en momentos clave.

- **Observe y celebre los esfuerzos de liderazgo de su equipo.** Observe cuando su gente trata de ejercer el liderazgo. Luego, ya sea que tengan éxito o no, celébrelos por identificar una oportunidad hacia el liderazgo. Anímelos a seguir tratando de aprovechar esos momentos. Con el liderazgo, el fracaso es siempre una posibilidad. Sin la afirmación de la autoridad, las personas estarán menos dispuestas a correr riesgos. Julia convoca regularmente a reuniones de equipo de maestros y entrenadores de clase mundial de KLC y (debido a que este es un grupo altamente calificado y listo para ser provocador) se prepara mentalmente para el momento en que alguien cuestionará durante la reunión la forma en que siempre hemos hecho las cosas. Un buen día, su primer impulso es agradecer y celebrar al alborotador y su segundo impulso (especialmente si la crítica es un reflejo directo de sus decisiones) es entrenarse a sí misma para no avanzar demasiado rápido en momentos incómodos. Sus objetivos exactos son celebrar al alborotador y asociarse con esa persona para generar algo de calor productivo.

- **Normalice hablar de liderazgo como una actividad arriesgada.** Una persona con autoridad puede hacer que el liderazgo sea menos arriesgado al hablar de ello incesantemente. Cuando las personas con autoridad hablan a menudo sobre la idea de que el liderazgo es una actividad y que requiere tomar algunos riesgos, la cultura comienza a cambiar. Cuando los que están en la cima profesan a menudo que valoran el liderazgo y el riesgo, se crea una nueva mentalidad. ("¡El jefe quiere que seamos disruptivos, así que será mejor estemos atentos a nuestros momentos!") Dígalo con suficiente frecuencia, y luego observe cómo más y más personas comenzarán a ver y aprovechar sus momentos para liderar.

HÁGALO REAL

Estimados Ed y Julia:

Bien, Ed y Julia, toda esta disrupción está empezando a parecer peligrosa. Soy el fundador y socio director de un estudio de arquitectura. Nunca haríamos las cosas si los más de 100 empleados irrumpieran constantemente con preguntas e "intervenciones de liderazgo", llevándonos por senderos inciertos. ¿Dónde está el equilibrio aquí? ¿Puedo dirigir un negocio y al mismo tiempo cultivar una cultura donde todos lideren?

—Alan, el Arquitecto

Alan:

Tenga en cuenta que no están liderando si solo están impulsando a las personas por senderos inciertos. Si están ejerciendo liderazgo, deberían encontrar intereses en común y unir a las personas en torno a lo más importante.

Lo alentamos a desarrollar su capacidad para comprender cómo podría ser el liderazgo para cada uno de ellos y apoyarlos mientras experimentan. Sabrá que los entrenó bien si sus intervenciones de liderazgo conducen a un mayor progreso en los desafíos más apremiantes que enfrenta la empresa en lugar de ideas únicas.

Una última reflexión: Nuestra investigación muestra que crear una cultura de liderazgo hará que sea más fácil para usted, la autoridad superior, administrar su negocio. Cuanto más se sientan capacitados y empoderados para liderar, más comprometidos estarán sus empleados con la misión de la empresa.

24

Cuando todos lideran: un llamado a la acción

Las ideas de este libro van en contra de las normas sobre el liderazgo.

- El liderazgo es una actividad, no un puesto.

- El liderazgo es alentar a otros a progresar en nuestros desafíos más importantes.

- El liderazgo es repetitivo, arriesgado y experimental.

- Y, en última instancia, se trata de progreso. ¿No hay progreso? Entonces no está ejerciendo liderazgo.

- El liderazgo viene en momentos clave.

- Estos momentos u oportunidades son difíciles de ver, fáciles de ignorar y requieren de valentía y habilidad para aprovecharlos de manera efectiva.

- El liderazgo siempre tiene que ver con el cambio.

- El cambio comienza con usted.

- Nadie le teme al cambio. Tienen miedo a la pérdida.

- El liderazgo es involucrar a otros, tejer conexiones entre personas que piensan de manera diferente y valoran cosas diferentes.

- El liderazgo es ayudar a las personas a aceptar las pérdidas. Es por eso que el liderazgo es arriesgado.

- Nadie ejerce el liderazgo sin un propósito claro y convincente.

- Es por eso que ejercer el liderazgo vale la pena el riesgo.

El liderazgo es contracultural

El liderazgo del nuevo modelo descrito en este libro es una coincidencia para nuestros tiempos turbulentos. Es esperanzador, con visión del futuro y un antídoto contra el odio y la polarización. Podría ser la única manera real de avanzar. El liderazgo sobre el que ha leído aquí coloca al desafío en el centro. Coloca el bien común en el centro. Y cuando colocamos el bien común en el centro, nos damos cuenta de que, aunque cada uno de nosotros tiene un tremendo poder para marcar la diferencia, nuestro poder, experiencia y habilidades individuales nunca serán suficientes.

Incluso el jefe de una empresa o la reina de un país no pueden hacer que los desafíos más difíciles desaparezcan. No pueden dictar, administrar, autorizar o supervisar el camino hacia el futuro que desean. Ninguno de nosotros puede por sí mismo.

Y eso nos lleva a nuestra idea más contracultural:

- Es cuando todos lideran que podemos ver y resolver nuestros desafíos más difíciles e importantes.

Una cultura donde todos lideran

Puede que haya habido momentos en la historia (tal vez pueda recordar un momento en su empresa o en su país) en los que solo una o dos personas estimularon un progreso importante en un tema determinado. Pero la dinámica actual es diferente. La tasa de cambio es demasiado rápida. Las perspectivas sobre los problemas son demasiado diversas. Hoy en día, el progreso requiere muchas personas con la capacidad de adaptarse y la habilidad de movilizar a los demás.

Por supuesto, el ejercicio del liderazgo se ve diferente para el gerente general que para el jefe de línea que para el empleado de primera línea. Pero cuando se trata de nuestros desafíos más difíciles, cada uno de nosotros tiene una pieza del rompecabezas.

A medida que construimos una cultura donde todos lideran:

- Dedicamos más tiempo al diagnóstico.

- Nos inspiramos unos a otros preguntándonos: "¿Cuáles son nuestras más grandes aspiraciones?"

- Bajamos la velocidad y miramos La Brecha. Identificamos nuestros desafíos más difíciles.

- Hacemos más preguntas y nos esforzamos por identificar interpretaciones múltiples y difíciles.

- Comenzamos pacientemente dónde tenemos influencia e identificamos con humildad nuestro rol en el problema.

- Sentimos curiosidad por las personas que se oponen a nosotros. Nos preguntamos qué es lo que más les importa, qué valoran, cómo ven la situación.

- Experimentamos todo el tiempo. Aprendemos.

- Avanzamos más.

- Y a veces, a medida que trabajamos entre sectores, nos sorprendemos a nosotros mismos al descubrir soluciones duraderas que todos podemos celebrar.

Incluso podríamos ser más felices. La investigación de KLC muestra que aquellos que entienden que el liderazgo es una actividad tienen más probabilidades de colaborar y de estar más esperanzados en el futuro. A medida que contribuimos a una cultura en la que todos lideran, nos sentimos más comprometidos con nuestras organizaciones y más satisfechos con nuestros trabajos.

Cómo ver y resolver los desafíos difíciles

No resolveremos nuestros desafíos más difíciles haciendo más de lo que siempre hemos hecho. No tome este libro como un llamado para estar más ocupado o ser más decidido.

En lugar de eso, cambie su atención. El mundo necesita más personas que den un paso adelante para ejercer el liderazgo. Vea lo que sucede si se relaciona con los demás de manera diferente. Ponga el reto en el centro y vea a quién puede hacer que lo considere y ofrezca su visión de éste y se pregunte cómo podría experimentar y contribuir hacia un cambio positivo.

Comience dentro de su esfera de influencia. A medida que aumenta su influencia, no tenga miedo de las personas con puntos de vista muy diferentes. Acérquese a ellas con curiosidad. Invítelas a entrar. Asuma que el liderazgo de estas personas es tan necesario como el de usted. Deje que le ayuden a ver el desafío más plenamente. Trabaje con ellos.

Juntos es la única manera de impulsar el progreso en lo que más nos concierne, para nuestras organizaciones, para nuestras comunidades y para nuestro mundo.

¿Cómo se resuelven los problemas difíciles?

La gente en todas partes ve y aprovecha sus oportunidades para liderar.

Referencias

Banwart, Mary, Elnaz Parviz y Tim Steffensmeier. *Leadership Development and Employee Engagement in Nonprofit Organizations*. Wichita, KS: KLC Press, 2020. https://kansasleadershipcenter.org/third-floor-research/third-floor-research-report-non-profits/

Covey, Stephen R. *The 7 Habits of Highly Effective People: Restoring the Character Ethic*. [Rev. ed.]. Nueva York: Free Press, 2004.

DuVernay, Ava, director. *Selma*. Guion escrito por Paul Webb. Plan B Entertainment y Cloud Eight Films: 2014.

Ekwerike, Onyedika, Tim Steffensmeier y Tamas Kowalik. *Capeing the Storm: Leadership Lessons from the 2008 Financial Crisis*. Wichita, KS: KLC Press, 2020. https://kansasleadershipcenter.org/third-floor-research/third-floor-research-weathering-the-storm

Heifetz, Ronald A. *Leadership without Easy Answers*. Cambridge, MA: Belknap Press of Harvard University Press, 1994.

Heifetz, Ronald A. y Marty Linsky. *Leadership on the Line: Staying Alive through the Dangers of Change*. Boston, MA: Harvard Business Review Press, *2017*.

Heifetz, Ronald A., Marty Linsky y Alexander Grashow. *Leadership on the Line: Staying Alive through the Dangers of Change*. Boston, MA: Harvard Business Press, 2009.

Kahneman, Daniel. *Fast and Slow Thinking*. Nueva York: Farrar, Straus y Giroux, 2011.

Kahneman, Daniel, Olivier Sibony y Cass R. Sunstein. *Noise: A Flaw in Human Judgment*. Nueva York: Little, Brown Spark, 2021.

Kegan, Robert y Lisa Laskow Lahey. *Immunity to Change*. Boston, MA: Harvard Business Review Press, 2009.

Kelley, Tom y David Kelley, Creative *Confidence: Unleashing the creative potential within us all*. Nueva York: Crown Business, 2013.

O'Malley, Ed y Amanda Cebula, *Your Leadership Edge: Strategies and Tools for When Everyone Lead*. Austin, TX: Bard Press, 2022.

Parker, Priya. *The Art of Gathering: How We Meet and Why It Matters*. Nueva York: Riverhead Books, 2018.

Steffensmeier, Tim, Tamas Kowalik, Tim O'Brien. *Leadership Development for Global Organizations in the High-tech Industry*. Wichita, KS: KLC Press, 2020. https://kansasleadership center.org/third-floor-research/third-floor-research-report-high-tech-industry/

Vogt, Eric, Juanita Brown y David Isaacs. *The Art of Powerful Questions: Catalyzing Insight, Innovation, and Action*. Mill Valley, CA: Whole Systems Associated, 2003.

Reconocimientos

Miles de personas cada año han confiado en KLC con sus aspiraciones para el futuro y sueñan con tener más impacto con su liderazgo. Gracias por venir a los programas en Wichita, invitarnos a sus empresas e iniciar sesiones desde sus oficinas y comedores. Sentimos la energía de su compromiso de hacer un buen trabajo, desarrollar sus habilidades y transmitirlo hacia adelante. Cada uno de ustedes ayudó a dar forma a las ideas de este libro.

Aquí nombramos solo a algunas personas que merecen reconocimientos especiales.

Estamos agradecidos con nuestros amigos Marty Linsky y Ron Heifetz. Este libro se basa en sus ideas poderosas y disruptivas sobre el liderazgo, como la distinción entre desafíos adaptativos y problemas técnicos y la zona productiva de desequilibrio. Estamos entre los cientos de profesionales de desarrollo de liderazgo que se vinculan con el trabajo de Marty y Ron. Del mismo modo, las huellas dactilares de David Chrislip también están en este libro. Nuestros esfuerzos por democratizar la práctica del liderazgo tienen sus raíces en el trabajo de David. Marty, Ron y David son mentores y amigos. La frase trillada "estamos parados sobre los hombros de gigantes" es adecuada aquí.

Estamos agradecidos con el Kansas Health Foundation. Steve Coen, quien falleció cuando el manuscrito estaba siendo terminado, cofundó KLC y usó su visión, autoridad y presencia para ayudar a llevar a cabo esta idea única. La amistad de

Steve y la tutoría de Ed fueron especialmente importantes en los últimos 15 años. No habría KLC sin Steve. Marni Vliet Stone, usted imaginó una organización que desarrollaría la capacidad de liderazgo para el bien común a una escala nunca intentada. Usted ejerció un tremendo liderazgo para movilizar al Kansas Health Foundation para que invirtiera en un sueño tan audaz. Teresa Miller, actual gerente general, nos desafía a seguir alcanzando. Jeff Usher, como nuestro oficial de programas, siempre ha sido un socio listo con sabios consejos, comentarios directos y apoyo.

Ron Alexander, Patty Clark, Peter Cohen, Matt Jordan, Lynette Lacy, Shaun Rojas y Chris Green cada uno desempeñó un papel único en nuestros primeros programas de desarrollo de liderazgo. Experimentaron y tomaron riesgos para determinar lo que enseñamos y cómo lo enseñamos. Probaron, innovaron y documentaron. Shaun y Chris, es una alegría tenerlos al mando mientras buscamos difundir el impacto de las ideas de KLC a través del compromiso cívico y The Journal of the Kansas Leadership Center.

Agradecemos a nuestra mesa directiva y a nuestro audaz presidente David Lindstrom por no dudar nunca en entrar en la zona productiva. Gracias por apoyar los riesgos inteligentes (¡como este libro!) en nombre de una misión compartida.

Edbert Abebe, Ron Carrerre, Bill Coy, Lisa Croxford, Ali Duvall, Marty Linsky y Sarah Mali hicieron preguntas provocadoras sobre el esquema de nuestro libro en el momento justo.

Tim Steffensmeier y Ahmadreza Shamsi Yousefi, estamos agradecidos por las respuestas a nuestras preguntas de investigación y por su constante curiosidad sobre qué más hay que aprender sobre la actividad de liderazgo.

Gracias, Amanda Cebula, por ser coautora de *Your Leadership Edge* (y su versión en español *Comienza Contigo*). Sin ese libro no tendríamos este libro.

Cada miembro del equipo de KLC tiene su ADN en este libro. Personal, maestros, entrenadores y facilitadores cívicos, su trabajo brilla a través de los ejemplos. Jamie Moeder dirigió el proceso de creación de libros desde su inicio hasta el lanzamiento. Damon Young, se involucró de inmediato. Darla Brunner, Maren Berblinger, Dennis Clary, Brittany Engle, Brianna Griffin, Ciara Huntly, Tyrena Judie, Carrie Lindeman, Ashley Longstaff, Idalia Loya, Clare McClaren, Julian Montes, Lucy Petroucheva, Shannon Pope, John Rolfe, Racquel Thiesen, Katy Weidner y DJ Whetter aceptaron el desafío de incluir la publicación de libros en todo lo que hacemos en KLC. Alejandro Arias, Jaryth Barten, Seth Bate, Kevin Bomhoff, Thane Chastain, Andy Huckaba y Patrick Kelly dieron comentarios invaluables sobre un borrador temprano (mucho, mucho más largo). Mary Banwart, Karen Countryman-Roswurm, Mildred Edwards, Dioane Gates, Anita Greenwood, Jill Hufnagel, Tina Khan, Brandon Kliewer, Tim Link, Joyce McEwen Crane, Adrion Roberson, Teresa Schwab y Donna Wright, ustedes y sus compañeros de equipo hacen que estas ideas cobren vida en programas de desarrollo de liderazgo virtuales y en persona. Kaye Monk-Morgan, gracias por sus historias de oportunidades para ejercer el liderazgo en la vida real. Sam Smith, gracias por las ediciones justo a tiempo y mucho más.

Todd Sattersten, publicista, editor, amigo, parece que le conocemos desde siempre. Gracias por responder al correo electrónico de Ed y por sentir tanta curiosidad por este grupo renegado de infractores de reglas de Kansas. Nunca hubiéramos esperado que asistiera a seis días de programas de liderazgo virtual, ¡y mucho menos que se entusiasmara tanto con ellos!

Gracias Joy Panos Stauber y Pat Byrnes por el diseño de libros e ilustraciones que representan el alto valor que damos a la accesibilidad y la inclusión. Pat, sabemos por experiencia con sus dibujos en *Your Leadership Edge* encontraremos un nuevo significado cada vez que los pongamos frente a una audiencia. Gracias Claudia Yaujar-Amaro y Ahida Velasco (AB&C Bilingual Resources, LLC.) asegurarse de que estas ideas lleguen a más personas con su traducción de *When Everyone Leads* al español.

Gracias a nuestros socios del sector privado, especialmente a Vania Broderick-Dursun, Debbie Finch, Robin Hubar, Chris Huntley, Wanda Jones-Yeatman, Jonathan McRoy, Jeff Morris, D.J. Netz, Sheila O'Connor, Coleen Tabor y René White. Ustedes han ayudado a KLC a ser más receptivo y emprendedor. Lori Alvarado preparó el camino.

Apreciamos a nuestros colegas de instituciones de desarrollo de liderazgo en lugares tan lejanos como Jerusalén, Abuja, Melbourne, Nueva Orleans y Baltimore. Nos encanta que hayan adoptado nuestras ideas y las estén usando a su manera. Saludos a Richard Dent, Cecile Garmon, Kathy Hallisey, Kristine Hilger, Jay Kaufman, Stephanie Molnar, Hugh O'Doherty, David Sachs y Valerie Stewart.

Gracias a todas las organizaciones que se han asociado con KLC a través de becas de Transformación de Liderazgo y Programas de Liderazgo Comunitario. Un agradecimiento especial a Broderick Crawford, Irene Caballero, Rhonda Cott, Troy Leith, Jeanine McKenna, Lalo Muñoz, Mark Palen, Stacie Schmidt, Jeanette Siemens, Troy Unruh, Yazmin Wood y Gary Wyatt. Ustedes nos desafían a hacer que el marco de liderazgo sea cada vez más aplicable a los desafíos de la vida real.

Ashley Stanley, Charlotte, Peter y Claire, gracias por compartir a Thomas con nosotros. Lo extrañamos cada día que pasa.

Julia quiere agradecer a aquellos que me respaldan e inspiran a hacer cosas súper divertidas como escribir *When Everyone Leads*, especialmente Bill McBride, Lake Harrier McBride, Donna y Jim Fabris, Marcia Reynolds, Tia Regier, Ronnie Brooks, Laurene von Klan y Davin Auble. Y gracias a Alene Valkanas por desafiarme a pensar en grande en un momento crucial.

Ed quiere agradecer a Joanna, Gabe, Jack y Lizzie O'Malley. Me encanta escribir, pero me encanta más pasar tiempo con ustedes.

Estamos agradecidos con Mary Tolar por presentarnos.

Un libro de Bard Press

Editor: Todd Sattersten
Editor de copia: Rebecca Rider
Revisión: [TBD]
Diseño de texto: Joy Stauber, Stauber Brand Studio
Producción y diseño de libros electrónicos: Happenstance Type-O-Rama
Diseño de cubierta: Joy Stauber, Stauber Brand Studio
Ilustraciones: Pat Brynes

Muchas gracias a nuestros primeros lectores que proporcionaron valiosos
comentarios y recomendaciones:
Phil Auxier, Tod Bolsinger, Amy Buckley, David Chrislip,
Lisa Croxford, Charlie Gilkey, Bobby Herrera, Jill Hufnagel,
Marty Linsky, Jonathan Long, Jeanine McKenna, Corey Mohn,
Lalo Munoz, Sheila O'Connor, Patrick Rossol-Allison,
Lisa Perez-Miller, Sam Smith

Cuando todos lideran: cómo se ven y resuelven los desafíos más difíciles
Ed O'Malley y Julia Fabris McBride

Publicado por Bard Press, Portland Oregon

Bard Press
info@bardpress.com—www.bardpress.com

Información de pedido o para obtener copias adicionales, comuníquese con su
librería favorita o envíe un correo electrónico a info@bardpress.com.
Descuentos por cantidad están disponibles. Datos de catalogación en
publicación del editor (preparados por The Donohue Group, Inc.)

Nombres: O'Malley, Ed, 1975- autor. | McBride, Julia Fabris, autora.
Título: Cuando todos lideran: Como se ven y resuelven los desafíos más difíciles
        por Ed O'Malley & Julia Fabris McBride, Kansas Leadership Center.
Descripción: Primera edición. | Portland Oregon: Bard Press, 2022.
Códigos de identificación: ISBN 9781885167903 (tapa dura) | |
        ISBN 9781885167958 (libro de bolsillo) ISBN 9781885167910 (libro
        electrónico)
Temas: LCSH: Liderazgo. | Gerencia--Participación de los empleados. |
        Resolución de problemas.
Clasificación: LCC HD57.7. O43 2022 (impreso) | LCC HD57.7
        (libro electrónico) | DDC 658.4092--dc23

Primera edición: Primera impresión julio 2022

Cuando todos lideran,

progresamos en nuestros desafíos más importantes.

¡Conéctese con nosotros!

**siempre estamos disponibles
para hablar de liderazgo.**

**Continuar la conversación,
únase a nuestros entrenamientos,
o venga a visitarnos.**

**Kansas Leadership Center
325 E. Avenida Douglas
Wichita, Kansas 67202
316.712.4950
kansasleadershipcenter.org**

Printed in the USA
CPSIA information can be obtained
at www.ICGtesting.com
JSHW011418050923
47855JS00003B/12